o legado das deusas

caminhos para a busca de uma nova identidade feminina

Cristina Balieiro

o legado das deusas

caminhos para a busca de uma nova identidade feminina

jandaíra

São Paulo, 2ª edição
1ª reimpressão
2021

GRAFIA ATUALIZADA SEGUNDO O ACORDO ORTOGRÁFICO DA LÍNGUA PORTUGUESA DE 1990, EM VIGOR NO BRASIL DESDE 2009.

EDIÇÃO: Lizandra Magon de Almeida
ASSISTÊNCIA EDITORIAL: Priscilla Lopes e Verônica Gonçalves
REVISÃO: Martha Lopes e Virgínia Vicari
PROJETO GRÁFICO E CAPA: Heloisa Vilela e Lizandra M. Almeida
DIAGRAMAÇÃO: Heloisa Vilela

Balieiro, Cristina

O legado das Deusas: caminhos para a busca de uma nova identidade feminina / texto e ilustração – Cristina Balieiro 2ª ed. – São Paulo : Editora Jandaíra, 2021
104p.

ISBN 978-85-98349-11-4
Inclui Bibliografia
1. Mitologia. 2. I. Título.

14-01752 CDD 291.13

Ficha catalográfica elaborada por Fátima Bretanha (CRB-8/3178)

jandaíra

www.editorajandaira.com.br
atendimento@editorajandaira.com.br
(11) 3062-7909

Um dia haverá meninas e mulheres cujos nomes significarão mais do que apenas o oposto do que é masculino; significarão algo em si, que nos faça pensar não em alguma forma de complemento ou limite, mas sim apenas em vida e existência: o ser humano feminino.

Rainer Maria Rilke

Ser alimentada apenas por imagens masculinas do divino é ser muito mal-alimentada. Estamos carentes de imagens que reconheçam a sacralidade do Feminino e a complexidade, a riqueza e o poder provedor da energia feminina.

Christine Dowing

A relação de uma mulher com o Princípio Feminino, dentro de si mesma, não é só um problema pessoal, mas também um problema geral, até universal para todas as mulheres. É um problema da humanidade.

M. Esther Harding

Sumário

I. Em busca de uma linguagem

A cultura em que a humanidade vive há mais de cinco milênios pode ser definida como patriarcal: uma cultura, entre outras coisas, hierárquica, que valoriza o princípio da força, do domínio e do que se pode chamar de Princípio Masculino. O patriarcado, porém, não é "coisa" de homem: é uma forma de organização social baseada no poder, seja militar, político, econômico e/ou social, que origina relações desiguais e excludentes.

Apesar de também ter prejudicado muito os homens, tem sido especialmente danoso às mulheres, tendo, na maior parte do tempo, subjugado-as, tirando tanto seu poder real quanto simbólico. Para além das limitações impostas aos direitos básicos políticos e sociais das mulheres, o patriarcado nos fere ao atribuir menor valor e importância a tudo que possa ser visto como feminino.

Desde o começo do século 20, no entanto, as transformações políticas, econômicas, sociais e tecnológicas pelas quais o mundo tem passado, especialmente no Ocidente, vêm alterando profundamente essa cultura.

Aliado a isso e também como fruto dessas transformações, o movimento feminista (e outros movimentos libertários) vêm bombardeando essas práticas de submissão feminina – e de outras minorias – em termos políticos, culturais e nas relações cotidianas entre homens e mulheres. Tudo vem sendo remexido, questionado!

Mesmo assim, esses milênios de dominação ainda nos cobram um preço bem alto: eles ocultaram, distorceram e desonraram o Princípio Feminino. Nós, mulheres contemporâneas nascidas nessa cultura (que apenas engatinha para se modificar), não sabemos direito o que é ser uma mulher que não seja a definida pelo patriarcado. Para ele, sempre fomos o segundo sexo, aquele visto a partir do primeiro, o masculino, e, claro, definido em função dele, e não como algo em si. Como cita a analista junguiana Marion Woodman, no livro *A feminilidade consciente*: "Enquanto a mulher aceitar a projeção arquetípica do homem, estará aprisionada na compreensão masculina da realidade".

Precisamos juntas buscar saber o que é ser mulher, independentemente do que é ser homem. Não é uma tarefa fácil, pois há camadas e camadas de cultura e história encobrindo essa identidade. Precisamos agir como exploradoras de um território bastante desconhecido.

Um dos principais modos de acessar em nós mesmas essa identidade mais autêntica do que é ser mulher sem um contraponto ao que é ser homem é mergulhar no Feminino Profundo, que vive em nosso inconsciente e que se manifesta nos sonhos, nos mitos, nos contos de fadas, na arte, nas Deusas.

Falar das Deusas é uma nova maneira de as mulheres falarem de si mesmas e de novas possibilidades de ser. E, como é uma linguagem simbólica – a linguagem da psique humana –, é um alimento para nossa alma. Aqui, alma não tem nada que ver com a definição cristã do termo; refere-se, no caso, àquela nossa parte interna que ressoa e que nos faz sentir plenas, como se estivéssemos verdadeiramente em contato com nossa essência. Quando nossa alma está presente, temos a sensação de "estar em casa".

Joseph Campbell, o grande estudioso de mitologia comparada, diz em seus livros que todos os deuses são "máscaras de Deus". Da mesma forma, todas as Deusas são "máscaras da Deusa", são as roupagens com as quais os diferentes povos e suas tradições revestem o Sagrado. Sendo assim, todas as Deusas, não importando sua origem, "carregam" e nos trazem aspectos do Feminino Sagrado e de seus Mistérios. E não me refiro a religião, falo de transcendência e da experiência pessoal com o aspecto numinoso, espiritual da vida.

Todas as Deusas são também, ao mesmo tempo, metáforas dos processos psicológicos humanos, são arquétipos, e como tal simbolizam aspectos que existem em potencial em todas as mulheres, os já vividos e os ainda não.

Dessa maneira, elas podem ser "portais" de acesso a esse Feminino Profundo, que subjaz ainda de forma meio inconsciente nas mulheres contemporâneas. Acessar as Deusas é acessar em nós possibilidades ainda não plenamente vividas do ser mulher.

Como nos fala Karen Armstrong, em seu livro *Breve história do mito*, "Entendida corretamente, a mitologia nos põe na atitude espiritual ou psicológica correta para a ação adequada, neste mundo ou no outro".

Este, portanto, é o foco deste livro: as Deusas de diferentes tradições, seus mitos e os "ensinamentos" que elas podem trazer para nós, mulheres de hoje.

Obviamente as mitologias são riquíssimas em relatos, pois as tradições cobrem extensos períodos de tempo e se influenciam mutuamente quando um povo entra em contato com outro. Às vezes temos, como na tradição greco-romana, períodos que cobrem quase 3 mil anos de história ou, como na tradição afro-brasileira, o sincretismo que envolveu as inúmeras mitologias africanas de diferentes povos, bem como o catolicismo e as tradições indígenas, que se mesclaram nas senzalas brasileiras durante a escravidão. Além de tudo, como são baseadas em relatos orais, as mitologias vêm sendo reinventadas em múltiplas versões. Isso faz com que existam incontáveis mitos sobre a mesma Deusa, que muitas vezes até chegam a parecer contraditórios. E, com exceção das tradições monoteístas, em que Deus é único, quase sempre do gênero masculino e normalmente dotado apenas de aspectos luminosos, nas outras tradições há inúmeros Deuses e Deusas que incluem tanto aspectos luminosos como sombrios.

É bom então ressaltar que, para o fim a que me proponho, utilizei recortes dos mitos – alguns mais completos, outros mais fragmentados, mas escolhidos por mim de forma absolutamente pessoal e todos contados em minha própria linguagem. São escolhas tão pessoais quanto pessoal é minha visão de cada uma das Deusas, que transformei nas ilustrações deste livro. Outra escolha puramente pessoal foi o aspecto/característica da Deusa ou de seu mito em que me concentrei. Também busquei enfatizar mais o aspecto luminoso da Deusa escolhida do que seu aspecto sombrio, apesar de não negá-lo.

É importante salientar, além disso, que todo mito e todo símbolo se presta a diversas interpretações, quase todas válidas, e é por isso que eles são tão ricos e vivos! Desse modo, as narrativas presentes neste livro podem ter muitas outras leituras, algumas até mais críticas, negativas ou opostas às que ofereço. Assim, reforço que o que apresento aqui é somente uma de muitas visões possíveis: a minha, que é resultado da minha experiência de vida como mulher e terapeuta, das minhas leituras e estudos, das minhas reflexões e da minha visão de mundo.

Ao mesmo tempo, as interpretações para as diferentes Deusas são também fruto da troca intensa e profunda com minha amiga e parceira de trabalho Cassia Simone e de nossa experiência coordenando juntas uma série de círculos de mulheres: carregam muitas vozes e almas femininas. Mas o que está escrito, é de minha única e exclusiva responsabilidade.

Outra coisa que gostaria de esclarecer é que neste livro falo algumas vezes da relação das mulheres com os homens, mas todo "ensinamento" que as Deusas trazem vale também para as mulheres em relações homoafetivas, pois a cultura patriarcal influencia a todas, independentemente de nosso orientação afetiva e sexual. Além do mais, o principal foco deste livro é nossa relação conosco mesmas, são nossas atitudes e crenças diante da vida, muito mais do que com o masculino.

Resumindo o que você vai encontrar neste livro: uma Deusa, uma ilustração, um pequeno recorte de um de seus mitos e/ou de suas lendas e de seus símbolos e algumas das lições que elas podem nos trazer; as contribuições que podem nos dar para termos uma visão mais rica e profunda de nós mesmas.

São gregas, afro-brasileiras, originárias de povos indígenas, egípcias, hindus, chinesas e de outras origens. Não busco uma tipologia, algo como "sou mais Afrodite" ou "mais Athená", "mais Oxum" ou "mais Iansã". Não. Todas são possibilidades para todas as mulheres, todas existem como potencial de expressão do Feminino.

Que elas possam ampliar, enriquecer e aprofundar a definição do que é ser mulher hoje e no futuro!

Cristina Balieiro

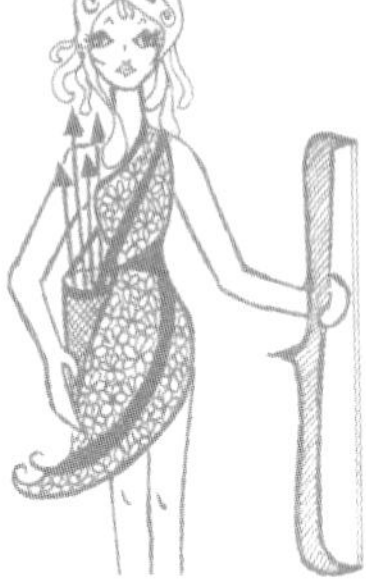

II. Ouvindo as Deusas

Afrodite

A Senhora do Amor e da Beleza

tradição greco-romana

Seu mito

Urano, o Céu, deitava-se sempre sobre Gaia, a Terra, gerando muitos filhos. Temendo, porém, que os filhos o destronassem, mantinha-os presos na barriga da mãe. Exausta e sofrendo dores insuportáveis, Gaia consegue enganar Urano, liberta seu filho Cronos e o instiga a castrar e depois matar o próprio pai. Cronos faz isso e joga o pênis de Urano no mar. Dele pinga sêmen, que fecunda as ondas do oceano, e delas nasce, numa concha, Afrodite, nua, adulta e belíssima.

Uma suave brisa a conduz até a ilha de Chipre, onde caminha do mar para a praia. Chipre passa a ser sua morada. Lá é vestida com trajes celestiais e adornada pelas três Graças: Aglaya – o esplendor e a beleza, Eufrósine – aquela que alegra o coração e Talía – aquela que faz florescer. Elas passam, então, a acompanhá-la. Todos a reconhecem como a mais bela de todas as Deusas gregas. Em Roma, onde é conhecida como Vênus, também é considerada a mais bela.

Emite uma luz brilhante por onde passa. Foi associada ao ouro – tanto que é chamada de a Deusa Dourada ou Áurea, como símbolo da perfeição e da radiância. É também ligada às pérolas, às flores, especialmente as rosas, às frutas doces, ao mel, aos aromas suaves, às pombas brancas e aos cisnes.

Ela ama o riso e a alegria e cultua a beleza, mas não a mesma beleza cultuada pelo Deus Apolo. A beleza apolínea é uma beleza imperecível e universal, que se exprime naquilo que é duradouro, como o mármore dos templos e das esculturas, nas regras e formas para a poesia ou até o planejamento urbano das cidades.

Já Afrodite cultiva a beleza daquilo que é efêmero, que não dura, a beleza do momento, como a das flores, das roupas e adornos bonitos, de uma mesa bem posta, de enfeites para a casa, de um encontro profundo e intenso, mesmo que passageiro. É a beleza para ser desfrutada aqui e agora, para refletir o divino no cotidiano. É uma beleza mais múltipla, vívida, pessoal. Sem Afrodite a vida não tem graça!

Afrodite amou muito e foi muito amada, tanto por mortais quanto por Deuses, mas nunca pertenceu a nenhum deles. É casada com Hefesto, Deus das Forjas, mas também nunca foi fiel a ele. Na verdade, só é fiel à sua própria essência, que é cultuar o amor e nunca a exclusividade. O que busca é a fruição da vida. Nada lhe dá maior prazer do que a gratificação dos sentidos através da beleza e da troca amorosa/erótica com o outro.

Tem uma qualidade alquímica; ela tem preferência pelo par e pelos dualismos: macho/fêmea, natureza/cultura, corpo/alma, céu/mar, homem/mulher – só que não a partir de sua divisão ou separação, mas sim de seu encontro, que transforma os dois pares opostos gerando um terceiro. Não é à toa que o alvorecer e o ocaso são suas horas preferidas, momentos em que o dia e a noite se misturam. Seu poder sedutor, irresistível, resulta da atração magnética e do desejo de união acima de tudo, seja ela física ou não.

O que Afrodite pode nos ensinar

A primeira lição que Afrodite nos oferece é a importância da beleza. Em nossa vida atual, tão atribulada, tendemos a achar perda de tempo e inutilidade prestar atenção aos detalhes que podem trazer "boniteza" à nossa vida e não temos olhos para apreciação do belo. Muitas vezes até nos esquecemos disso e não percebemos como a feiura entristece a alma.

É a beleza, que pode estar presente nos pequenos detalhes do cotidiano, o que traz graça à vida. As cores, os aromas, as formas belas daquilo que nos cerca, a música e a arte podem alimentar nossa alma. Rodear-nos de coisas bonitas na nossa casa, no nosso ambiente de trabalho, na comida, nas roupas, nos detalhes da decoração, no dia a dia, onde for possível, nos ajuda a viver de uma forma mais alegre e prazerosa. E não tem nada que ver com aquisição de coisas caras, é simplesmente colocar atenção e permitir-se a fruição daquilo que é bonito.

Outra questão para a qual Afrodite nos chama a atenção é a forma como lidamos com a beleza feminina e com os nossos corpos hoje. Vivemos em uma cultura, especialmente em nosso país, na qual o corpo da mulher é visto como objeto e um objeto que lhe confere um valor.

Quanto mais seu corpo se aproximar de um dos modelos ideais – de um lado um corpo adolescente, magérrimo e meio andrógino; ou de outro, um corpo "sarado, bombado, marombado", cheio de músculos – mais a mulher "vale" sob o ponto de vista mercantil. Como se a beleza plastificada, rotulada como desejável, fosse moeda de troca. Para alcançar isso qualquer sacrifício deve ser feito, por mais absurdo que seja. É preciso "domar", consertar, subjugar o corpo para que ele se torne perfeito, encaixado no modelo.

Isso é negar completamente Afrodite! A beleza que a Deusa ama é como a das flores, todas totalmente diferentes entre si e cada uma bela a sua maneira. E belas porque vivas.

Se pensarmos na nossa beleza dessa forma, vamos aceitar nosso corpo, cuidando dele, claro, mas sem querer transformá-lo em outro corpo. Descobrir que ele é primeiramente uma fonte de prazer que nos permite viver de forma sensual e "encarnada". E que podemos aceitar a passagem do tempo e aprender a descobrir novas maneiras de saborear a vida por meio dos sentidos.

É um se gostar e se achar bonita porque se é única e se ama estar viva. Essa beleza tem uma dimensão magnética, porque é plena de força vital.

A última lição dessa Deusa para nós é o amor. Amor que não é sedução, não é exercer poder sobre o outro, não é controle e posse, não é carência afetiva, não é desejo de ser cuidada pelo outro como uma criança, não é dependência emocional ou qualquer outra, não é obsessão, não é promessa de eternidade, não é casamento, necessariamente. Tudo isso muitas vezes é confundido com amor, mas amor é muito diferente.

Amor, como Afrodite nos ensina, é a experiência interna de uma forte conexão emocional com um outro, que nos inunda e nos dá prazer sentir. A experiência de sentir esse amor apaixonado por outro ser humano pode ampliar nosso autoconhecimento ao despertar em nós emoções e sentimentos novos. Nos tornamos "maiores" a partir de uma experiência como essa. Uma relação é de fato amorosa, dentro da ótica da Deusa, quando ela nos transforma pela química do encontro, mesmo que ele seja breve.

É preciso abertura, maturidade emocional e coragem para viver algo assim, porque seguramente vai nos tirar da "zona de conforto" e nos lançar ao desconhecido. O amor sob a ótica de Afrodite não é para os fracos!

Ártemis
A Uma-em-Si

tradição greco-romana

Seu mito

A Deusa Leto, uma divindade da natureza filha de Titãs, a primeira geração dos deuses gregos, ficou grávida de um casal de gêmeos. O pai é Zeus, o Senhor do Olimpo. Hera, esposa de Zeus, fica furiosa e, com medo do poder dessas duas crianças divinas, impede Leto de dar à luz aos gêmeos sobre a terra firme do mundo grego. Todos a obedecem, com medo de sua ira.

Leto então fica vagando de lugar em lugar, grávida, sentindo as dores do parto e sem poder parir. Mas Posêidon, o Senhor dos mares e irmão de Zeus, com pena dela, permite que Leto se instale na ilha de Delos. Lá chegando, Leto rapidamente dá à luz a Ártemis, que em seguida ajuda a mãe por nove dias e nove noites no trabalho de parto de seu irmão gêmeo, Apolo.

Aos 3 anos, os gêmeos são levados por Leto para conhecerem o pai. Encantado pela beleza da filha, Zeus diz que ela pode pedir tudo o que quiser. Ártemis então lhe pede: um arco e uma aljava cheia de flechas, uma matilha de cães selvagens, as montanhas e as florestas virgens para morar, ninfas para acompanhá-la em suas aventuras, uma túnica suficientemente curta para poder correr sem impedimento e o direito de não pertencer a homem algum. Apesar de surpreso, Zeus lhe concede todos os seus pedidos.

Ártemis se torna Deusa da Caça e ao mesmo tempo a protetora da fauna e da natureza selvagem. Também se transforma em arqueira de incrível pontaria.

É também a Deusa que rege os partos. Quando uma criança e/ou sua mãe (ou qualquer fêmea de animal prenhe) sofrem muito no parto, é Ártemis que permite que elas vivam ou, se o sofrimento for muito grande, mata uma e/ou a outra com uma de suas setas de prata. É também uma Deusa Lunar, que prefere a luz da Lua à do Sol.

É conhecida na tradição romana como Diana Caçadora. Vive nas florestas virgens, em companhia dos animais selvagens e junto ao seu grupo de ninfas. Ártemis amou e foi amada, mas nunca pertenceu a homem algum, só a si mesma.

O que Ártemis pode nos ensinar

Em primeiro lugar, a importância capital, especialmente hoje, de respeitar o que resta da natureza selvagem em nosso planeta tão ameaçado. Precisamos ver nosso planeta como nossa Mãe Terra, a quem devemos cuidar, e não devastar! E nos vermos como um de seus filhos, e não como seus donos, respeitando a todos os outros seres que a habitam e que têm tanto direito quanto nós. Ártemis nos mostra a Terra como Gaia, um ser vivo, e a todos nós como pertencentes à mesma teia da vida, em que o que acontece a um acontece a todos.

Fala também da urgência de resgatar o respeito a nossa natureza feminina "selvagem", que nos faz cíclicas e nos traz os mistérios do sangue – menarca, menstruação, gravidez, aborto, parto, menopausa –, tão negligenciados e até depreciados, chegando a ser considerados vergonhosos, inclusive por muitas mulheres.

É preciso reconhecer que existem lugares "virgens" na natureza e dentro de nós mesmas, que são espaços a ser reverenciados, e não explorados. Que, apesar da liberdade sexual que conquistamos, essencial para sermos mulheres livres, donas de nossas vidas, precisamos respeitar a sacrali-

dade da nossa natureza e do nosso corpo, para nos sentirmos íntegras conosco mesmas. O que deve comandar nossa vida é o nosso desejo e não devemos nos submeter àquilo que não queremos a fim de agradar o outro. Quando nos sentimos "filhas" dessa Mãe Terra, e ao mesmo tempo suas protetoras, é que honramos sua dimensão Sagrada e a nossa.

Ártemis, além disso, também nos lembra da dignidade de ser uma-em-si-mesma. De ter nosso senso de valor focado em nós mesmas, e não em um parceiro, falácia em que caem tantas mulheres. Ela nos fala da solidão plena de presença nos momentos em que estamos verdadeiramente na companhia de nós mesmas.

E nos encoraja a buscar a liberdade de ser, independentemente do julgamento dos "outros", essas figuras muitas vezes abstratas, mas que permitimos que rejam nossas vidas.

Ártemis fala da beleza do gostar de si e da própria companhia, sem soberba ou arrogância, mas com genuíno prazer e apreciação.

E, quando estivermos a sós, pensando na vida, em casa, tomando uma taça de vinho, no cinema, assistindo àquele filme tão aguardado, arranjando um vaso de flores para que perfumem nossa casa, na exposição de um artista que amamos ou no nosso restaurante favorito, saboreando um prato que adoramos, e alguém nos questionar sobre o porquê da nossa solidão, que possamos contra-argumentar com toda a nossa verdade interna: "A sós? Não, de maneira alguma! Estou em minha companhia". Assim, podemos trazer um pouco da liberdade de ser como Ártemis para nossas vidas.

Athená

A sabedoria perdida

tradição greco-romana

Seu mito

A Deusa Métis era uma divindade do oceano conhecida por sua sabedoria, e foi a primeira esposa de Zeus. Rezava uma profecia que Zeus teria com ela uma filha e depois um filho. E que os dois filhos posteriormente destronariam o pai.

Quando Métis engravidou, Zeus, preocupado com a profecia, enganou a esposa. Ele fingiu que estava brincando e pediu a ela que ficasse bem pequenininha. Quando ela o atendeu, Zeus a engoliu. Gestou então a filha em sua cabeça.

Findo o tempo de gestação, Zeus teve uma terrível enxaqueca e pediu a Hefesto, Deus das Forjas, que lhe abrisse a cabeça com um machado. De dentro da cabeça de Zeus saltou Athená, bradando um grito de guerra, adulta, vestida e armada!

Athená – ou, como também é conhecida, Palas Atena – considera que só tem pai, não tem consciência de que teve uma mãe. Torna-se a filha preferida de Zeus, seu braço direito e é a única a quem ele empresta seus raios, o símbolo de seu poder.

Athená é a principal protetora, conselheira e aliada dos

heróis gregos. Na tradição romana, é conhecida como Minerva. Ela valoriza o pensamento racional, a visão prática da vida e o domínio da vontade e do intelecto sobre o instinto e a natureza. É a Deusa da Estratégia e da Guerra, da Inteligência, da Razão, da Justiça – preside as artes, o artesanato, a literatura e a filosofia.

O que Athená pode nos ensinar

Em primeiro lugar, apesar de ser uma Deusa, seu "reino" – o mundo intelectual – foi vedado às mulheres durante milênios. Somente a partir do século 20 é que um grande número de mulheres começou a poder estudar, ir às universidades e produzir intelectualmente nos mais variados campos do conhecimento, assumindo um papel relevante nesse mundo do Logos.*

Como mulheres, temos muito a festejar e honrar Athená. O acesso a seu reino, o mundo do intelecto, da Razão, permite hoje que sejamos donas de nossas vidas, protagonistas da nossa história e que reflitamos sobre qualquer campo do conhecimento em nossos próprios termos.

Mas há também um lado bem sombrio para nós em Athená: ela se reconhece como filha SÓ do pai – ela esquece que também é filha da mãe (que foi engolida pelo pai). Além disso, nasce adulta, vestida e armada.

Traduzindo toda essa simbologia para os dias de hoje, podemos dizer que nós, mulheres modernas, para nos adequar a esse mundo "do pai/patriarcal", vivemos armadas, nunca nos permitindo sentir como crianças ou estar nuas, ou seja, jamais nos permitimos nos sentir vulneráveis e sensíveis. Também "não temos corpo", a não ser que o vejamos como objeto a ser consertado e aperfeiçoado, pois afinal vivemos somente na cabeça!

No mundo de Athená, a sabedoria da mãe ou do Princípio Feminino permanece esquecida, engolida, desvalorizada. Cabe a nós resgatar Métis e aprender uma forma de inteligência mais intuitiva, relacional, mais próxima da natureza e de seus ciclos para equilibrar com a inteligência da Razão. Talvez nesse equilíbrio possamos encontrar a sabedoria, que tanto nos falta hoje.

* Conceito filosófico traduzido como Razão.

Hécate
A Senhora dos Portais

tradição grega

Seu mito

Hécate, que significa "aquela que age como lhe apraz", é uma Titã, ou seja, uma Deusa da primeira geração dos Deuses gregos, não fazendo parte dos Deuses olímpicos. Mas, quando Zeus venceu os Titãs e se tornou o Senhor do Olimpo, ele conservou a divindade de Hécate e seus poderes, e até os aumentou. Deu-lhe poderes sobre a Terra, o Mar e o Céu, não como regente desses reinos, mas conferindo a ela a capacidade de exercer influência sobre cada um deles, mesmo à distância.

Hécate não possui um mito próprio, participa do mito de outros Deuses e Deusas, como Perséfone, ou de heróis, como Hércules.

É uma Deusa ao mesmo tempo Ctônica (ligada às profundezas da Terra) e Lunar (representando as faces da Lua), sendo por isso também mutável e cíclica. É ligada ao Mundo das Sombras (e do inconsciente).

Quando caminha carrega uma tocha em cada mão e é acompanhada por duas cadelas, duas éguas e duas lobas, todas negras. Seu horário é o crepúsculo, seu local as encruzilhadas. Muitas vezes é retratada como tríplice – donzela, mãe e anciã. E, como Deusa Tríplice, representa, além das três fases da mulher, as fases da Lua e os três níveis: o infernal, o telúrico e o celestial.

É a Deusa-Toda-Poderosa evocada pelas bruxas e feiticeiras. Era para ela que se faziam os encantamentos e as magias mais fortes. Foi por isso demonizada e muito temida durante a Idade Média, quando qualquer mulher, especialmente aquelas que tinham algum tipo de poder, como as parteiras ou herbicistas, podia ser julgada como bruxa e queimada pela "Santa" Inquisição. É a demonstração mais cruel do medo do Feminino Profundo!

O que Hécate pode nos ensinar

Todas nós, mulheres, mesmo modernas e sofisticadas, temos um lado ctônico e lunar que não podemos e que não devemos negar. Nesse mundo crepuscular se abriga muito da nossa vitalidade e da nossa força feminina. Em alguma medida, mora uma "bruxa" em cada uma de nós.

Mas não devemos nunca temer ou desprezar esse saber, que muitas vezes parece vir de um lugar desconhecido, quase como se viesse de nossas entranhas.

Precisamos manter o contato com esse mundo mais sombrio, mais inconsciente, onde a luz não é a direta e solar, mas uma luz mais difusa, como a da Lua, onde as fronteiras e os contornos são mais sutis, porque nele vive o Feminino mais primevo.

É a partir da conexão com essa profundidade que nós mulheres resgatamos/alimentamos muito da nossa energia psíquica.

Hécate também vem ao nosso auxílio, servindo como uma guia sagrada quando nos encontramos em encruzilhadas na vida – profundas, complexas e que trarão um profundo impacto sobre nós – e não sabemos o que escolher. Naqueles momentos em que a racionalidade, a praticidade, o bom senso, a tradição e as autoridades externas não dão conta nem podem opinar sobre nossa escolha, só nossa voz interior. Temos então que evocar nossa Hécate interna para que com suas tochas ela ilumine nossa intuição e nos leve para o caminho que tenha que ver com a nossa alma.

Hécate deve ser conduzida de volta a seu lugar como Deusa e a Senhora das Profundezas e dos Portais!

Héstia

A busca de nosso centro

tradição greco-romana

Seu mito

Praticamente não existem mitos sobre Héstia, a mais discreta das Deusas gregas, apesar de ser a irmã mais velha de Zeus e de fazer parte dos doze principais Deuses do Olimpo.

Ela personifica o Fogo Sagrado, é a Deusa da lareira. Todas as casas gregas, e depois romanas, tinham uma lareira central, assim como toda cidade tinha sua lareira no centro do templo, onde o fogo deveria estar sempre aceso.

Metaforicamente, ela é o Fogo Sagrado do centro da lareira do lar, da Pólis (a cidade grega) e da Terra/Planeta. Assim como o fogo doméstico era o centro religioso da casa dos homens, o fogo público nos templos era o centro religioso da cidade, Héstia era o centro religioso do lar dos Deuses: o Olimpo.

Raramente vista em esculturas (normalmente é representada pela imagem de uma lareira redonda), quando o é, está sempre com vestes que a cobrem toda, transmitindo uma imobilidade total. Como diz a analista junguiana Ginette Paris no livro *Meditações pagãs*: “Ela não deixa seu lugar; é preciso ir até ela”.

Mesmo não tendo mitos, ela era honrada em todas as casas e templos e agraciada com inúmeros rituais. Por exemplo, quando um homem e uma mulher se casavam, a mãe da noiva acendia uma tocha na lareira da própria casa e levava o fogo para a nova casa da filha, acendendo a lareira de lá. Assim, conduzia Héstia ao novo lar para torná-lo sagrado. Da mesma forma, quando pessoas partiam de uma cidade grega para criar novas colônias, levavam o Fogo Sagrado para acender a lareira no centro do "novo lar". O Fogo Sagrado tinha de ser ser mantido sempre aceso e alimentado em cada casa e em cada templo.

Em Roma, Héstia foi chamada de Vesta, e suas sacerdotisas, as vestais, eram as responsáveis pela guarda do fogo nos templos.

O que Héstia pode nos ensinar

Todos nós, especialmente nós, mulheres, para quem a casa representa de forma tão intensa nosso espaço interno, devemos ter sempre no local em que vivemos um recanto para Héstia.

Um lugar em que Héstia, como representante de nosso Fogo Sagrado, nossa energia vital, nossa alma, possa "habitar". Um local especial, com objetos significativos que nos tragam lembranças importantes, onde guardamos nossos "tesouros". Um lugar pelo qual precisamos zelar com carinho, enfeitar, embelezar, para que seja nosso "centro" na casa em que vivemos.

Mesmo que só tenhamos um quarto ou até parte de um quarto, devemos reservar um cantinho nosso e da nossa Héstia interna para nos sentir em casa, protegidas da luta diária, recuperar nossas forças e aquietar nossa mente e nosso coração.

No entanto, mais importante do que esse centro dentro da nossa casa, precisamos construir esse centro dentro de nós. Um espaço de quietude, de serenidade, mas com nosso "Fogo Sagrado", para onde possamos voltar, especialmente quando estivermos distantes de nós mesmas. Um espaço onde a gente se lembre de quem é e possa recuperar nosso rumo se o tivermos perdido. Um espaço de solidão dos outros e do mundo, mas onde estejamos plenamente em nossa companhia, habitadas por essa chama vital.

Construir esse espaço pode ser tarefa para toda a vida, mas só a partir dele é que podemos aspirar à sabedoria diante da vida.

Iansã

A ação no mundo

tradição afro-brasileira/iorubá

Seu mito

Iansã ou Oyá é uma aiabá (orixá feminino) forte, impetuosa, dinâmica e guerreira. Está sempre envolvida em batalhas e paixões.

É a Senhora do Ar em Movimento: do vento, das tempestades e dos raios. Toda vez que um grande deslocamento de ar acontece se reconhece o seu poder de atuação. Por ser vento, Iansã não suporta permanecer em casa, precisa dos espaços abertos para viver, tem de ser livre.

Na África é popularmente conhecida como Oyá, pois é associada ao maior e mais importante rio da Nigéria, conhecido como Odò Oya (rio Níger), que atravessa todo o país, espalhando-se pelas principais cidades através de seus afluentes.

No Brasil é mais conhecida como Iansã. Há duas versões diferentes sobre a origem desse nome. Para alguns, Yánsàn, em iorubá, quer dizer a "mãe de nove filhos, do rio de nove braços, a mãe do nove". Outros dizem que seu nome significa "a mãe do entardecer" e foi dado por um de seus maridos, Xangô, pois ele a achava radiante como o céu rosado desse momento do dia.

Iansã teve muitos maridos e amantes – todos escolhidos por ela. Por viver um tempo com cada um, desenvolveu habilidades que eles tinham, apoderou-se delas e aprendeu o uso de ferramentas e armas, ganhando, com isso, o direito de usá-las.

Com Ogum aprendeu a guerrear e manusear a espada; com Oxaguian, a usar o escudo para se proteger dos inimigos; com Oxóssi, a caçar e a tirar a pele dos animais; com Exu descobriu os mistérios do fogo e da magia e aprendeu a transformar-se em búfalo; e com Xangô, seu último marido, a lidar com o raio.

Tentou seduzir Obaluayê, para conseguir seus poderes, mas não conseguiu. No entanto, tempos depois, em uma festa na qual várias divindades se faziam presentes, Obaluayê, que estava sendo alvo de zombaria, resolveu isolar-se e ir embora. Iansã, revoltada com a situação, provocou uma forte ventania. Com ela, as palhas que cobriam o rosto e o corpo de Obaluayê para esconder suas chagas abriram-se, revelando nele um belíssimo homem, sem nenhuma marca no corpo. Comovido com a atitude de Iansã, ele então deu a ela o poder de dominar os espíritos dos mortos.

Em outra ocasião, Xangô enviou-a em missão à terra dos baribas (grupo étnico nigeriano) a fim de buscar um preparado que, uma vez ingerido, lhe permitiria lançar fogo pela boca e pelo nariz. Iansã, desobedecendo às instruções do marido, experimentou ela mesma a poção, tornando-se também capaz de cuspir fogo, para grande desgosto de Xangô, que desejava guardar esse terrível poder só para si.

Com tudo isso, Iansã acumulou muitos recursos para defender a si mesma e a seus filhos.

Como todos os Orixás, ela realiza sua dança ritual e seu ritmo é chamado aguerê de Iansã. De tão rápido, repicado e dobrado, também é conhecido como "quebra-prato"; é o ritmo mais rápido do candomblé. Sua cor é o vermelho-sangue, seus instrumentos são feitos de cobre. Duas correntes na sua cintura prendem os arôs, pequenos chifres de boi ou búfalo, ornamentados com metal na extremidade. Traz na mão direita um alfanje (pequena espada) e na esquerda um iruexim (espanta-moscas feito de crina de cavalo), com o qual comanda os eguns, os espíritos dos mortos. Esse iruexim, sendo agitado com rapidez e em rodopio por Iansã, também faz "ventilar" o ar parado e coloca em movimento as coisas que precisam ser mudadas.

Ela é a patrona dos mercados, território em que, tanto na Nigéria quanto na Bahia (onde o candomblé se firmou primeiro no Brasil), as mulheres são predominantes e onde muitas obtêm seu sustento e o de suas famílias.

Iansã abre os caminhos para as mulheres porque é muito aguerrida, sabe negociar e tem senso de direção. Tem o axé (energia vital) do movimento e da realização. Iansã é o arquétipo da mulher líder, guerreira e independente!

O que Iansã pode nos ensinar

A grande lição de Iansã para nós é mostrar a importância da busca da nossa independência e autonomia e da construção do nosso caminho.

Infelizmente, ao longo desses milênios de cultura patriarcal em que nós, mulheres, não tivemos esses direitos básicos, muitas sentem ainda hoje que buscar independência as faz menos femininas e as afasta da principal missão na vida de uma mulher (sob a ótica delas), que é casar, ter filhos e constituir uma família.

Não que essa não seja uma missão importante, claro que é, mas não precisa ser o único foco na vida e também não é obrigatória para todas as mulheres. Existem outros caminhos possíveis e legítimos. E independência e autonomia não são conquistas masculinas, são humanas.

Além disso, alguém que opta por ser dona de casa e mãe em tempo integral não tem necessariamente menos independência e autonomia do que quem tem trabalho remunerado. Uma mulher pode viver essa situação e saber seu valor e a importância do que faz, sentindo-se em absoluto pé de igualdade com o marido, enfim, trilhando um caminho totalmente por escolha dela.

Porém, uma mulher pode ser totalmente independente financeiramente e na vida afetiva ser completamente dependente de um homem, sentindo-se destroçada ao menor sinal de que ele não a quer mais, achando-se incapaz de viver sem ele.

Claro que, quando o homem que amamos não nos ama, dói demais, sentimos que vamos morrer, mas a verdade é que não se morre disso; com o tempo a dor passa e voltamos até a amar outra pessoa. No entan-

to a mulher que não tem uma identidade emocional própria, mesmo que seja um grande sucesso profissional sob a ótica da cultura dominante, não é dona de si, porque qualquer sinal de rejeição do homem é devastador e ela faz QUALQUER coisa para que ele não a deixe, se sujeita a qualquer situação, por mais humilhante ou destrutiva que seja.

Ter real independência e autonomia e viver a vida que se escolhe é muito mais do que ganhar a vida, apesar de que ser capaz de fazer isso é requisito fundamental. É ter a capacidade de sustentar, em todos os sentidos, as próprias escolhas e as consequências delas. É ser capaz de ficar só, mesmo que seja doído, se a vida a dois estiver ruim ou péssima ou mesmo insatisfatória. É construir uma vida autêntica que tenha significado e sentido e bancá-la, sem conceder por carência, medo ou até preguiça de enfrentar "as batalhas" da vida. Implica tanto conquistas externas, no mundo de fora, quanto internas, no mundo de dentro. E são tanto um direito como um dever de uma pessoa adulta.

O maior problema, além desses casos de carência emocional quase doentia, é que muitas de nós optamos por viver nossos desejos e sonhos de realização não por nós próprias, mas por meio de nossos homens. A que anseia por uma vida de aventuras busca um homem cuja vida seja considerada aventureira por ela; a que gostaria de realizar um trabalho intelectual de relevo vai atrás disso através de um homem com essa característica; a que sonha em ser artista tenta ser a musa de um deles e assim por diante. Viver a vida desejada através do parceiro é abdicar de ser protagonista da própria vida. E na maior parte das vezes é tão inconsciente que nem percebemos a projeção de nossos desejos no outro.

Lógico que é uma delícia ter um companheiro que compartilhe nossos interesses e nossa busca, mas compartilhar é diferente de querer que ele viva por nós.

Como conseguir independência e autonomia e buscar construir a vida que queremos dá trabalho, implica esforço, tempo e energia, além de o enfrentamento de inúmeras dificuldades, frustrações, decepções, em um caminho longo e árduo, fica mais fácil "delegar" a realização de nossos desejos aos outros. E sentir que as conquistas deles são nossas!

Essa delegação pode não se restringir ao companheiro, pode também ser feita aos filhos, e aí não permitimos que eles busquem seus sonhos, porque têm de realizar os nossos.

Iansã deve se sentir furiosa nessa hora!

Ela não pediu que Ogum guerreasse por ela, não pediu a Oxóssi que caçasse por ela, não pediu que Oxaguian a protegesse com seu escudo, que Exu fizesse magia por ela ou que Xangô usasse os raios por ela: ela aprendeu com eles e passou a ter esses poderes e a usá-los por si. Não quis que eles vivessem por ela e também não competiu com eles, somente tomou posse, com todo direito, da própria vida.

É isso, eu acredito, que ela espera de cada uma de nós, mulheres adultas!

Icamiabás

A irmandade feminina

tradição indígena brasileira

Seu mito

Icamiabás é a designação dada a índias míticas que habitavam a região amazônica próxima às cabeceiras do rio Jamundá, um afluente do Amazonas, junto a um lago chamado Jacy-Uará, o Espelho da Lua.

Mais do que um mito, as Icamiabás fazem parte de uma lenda, que são narrativas transmitidas oralmente sobre acontecimentos misteriosos, em que fatos reais se misturam com imaginários.

Elas faziam parte de um reino constituído unicamente de mulheres, livres, independentes, sem maridos e que eram bravas guerreiras na defesa da sua gente, da floresta e de suas riquezas. Manejavam o arco e a flecha com perícia extraordinária. Eram altas, morenas e fortes e traziam seus longos cabelos negros trançados.

Quando o conquistador espanhol Francisco de Orellana desceu o rio Amazonas em busca de ouro em 1541, o rio ainda era chamado de Rio Grande, Mar Dulce ou Rio da Canela, devido às grandes árvores de canela que existiam ali.

Diz a lenda que ele e seu grupo tiveram de lutar com as Icamiabás ao invadirem seu território. A resistência dessas guerreiras e sua vitória sobre os invasores espanhóis foram arrasadoras, culminando com a expulsão deles de suas terras.

Ao saber dessa história pelas narrativas dos viajantes e inspirado em outras guerreiras míticas, as antigas hititas, chamadas de amazonas pelos gregos, o rei da Espanha Carlos V batizou o rio de Amazonas.

As Icamiabás cultuavam a Deusa Jacy-Lua e eram suas protegidas. Cultuavam também a Mãe do Muiraquitã, a Grande Mãe das Pedras Verdes que vivia dentro do lago Jacy-Uará.

Muiraquitã eram pedras verdes da cor do jade que existiam no fundo do lago e eram, de forma misteriosa, esculpidas em formas de sapo, peixe ou tartaruga. Essas pedras serviam de amuleto e tinham poder mágico e curativo, protegendo quem as possuía.

Durante a noite, quando a Lua se deitava sobre o espelho da água, as Icamiabás mergulhavam seus corpos nele. Após esse ritual de purificação e limpeza, evocavam a Mãe do Muiraquitã, que entregava a cada uma a pedra verde esculpida, ainda mole, mas que endurecia assim que saía das águas. Cada Icamiabá trazia esse talismã em seu pescoço para proteção tanto material como espiritual.

Uma vez por ano, em uma noite de Lua cheia, as Icamiabás faziam uma cerimônia sagrada para a Deusa Jacy, a Mãe-Lua, no lago Jacy-Uará, o Espelho da Lua, e convidavam para esse ritual os índios guacaris (outro povo indígena mítico), seus vizinhos e amantes.

Perto da meia-noite, as Icamiabás caminhavam em procissão ao lado dos guacaris, pelas matas amazônicas. Elas traziam nos ombros potes cheios de perfumes – feitos de ervas e raízes cheirosas – que eram despejados no lago, purificando-o e tornando-o novamente sagrado. Depois se deitavam com seus acompanhantes. Após o ritual amoroso, as amantes guerreiras mergulhavam nas águas do lago e buscavam outro Muiraquitã, com o qual presenteavam seus amados, como amuleto de sorte, fertilidade e proteção.

Os frutos desses encontros amorosos, quando eram meninos, ficavam sob a proteção dos pais, em sua tribo; se fossem meninas, eram educadas pelas mães segundo as tradições ancestrais, tornando-se as novas Icamiabás.

A fama das "amazonas" da América do Sul se espalhou pela Europa. Contribuiu muito para isso a descoberta de Muiraquitãs em jadeíta nas imediações dos rios Nhamundá, Trombetas e Tapajós – afluentes do Baixo Amazonas – no início da colonização amazônica pelos portugueses. Durante os séculos 17 e 18, a região constou da cartografia europeia com o nome de "País das Amazonas" ou "País das Pedras Verdes".

A lenda deu origem ao nome da grande bacia hídrica da região, de seu principal rio, bem como de um dos estados do Brasil.

O que as Icamiabás podem nos ensinar

As Icamiabás falam da enorme relevância, para todas nós, da amizade entre as mulheres e do se sentir pertencer a uma "espécie" de irmandade feminina. Essa é uma verdade psicológica importante que desaprendemos com nossas conquistas políticas, legais, sociais, profissionais, educacionais e todas as outras durante o decorrer do século 20.

Nossas mães, avós e as demais ancestrais, por viverem muito mais em casa e terem uma convivência fortemente feminina – os homens só ficavam próximos quando crianças –, puderam criar espaços que auxiliavam na criação e manutenção de grupos de apoio femininos. Era o café da tarde que tomavam juntas, o mutirão de costura e bordado, a ajuda à amiga doente, a assistência às mães de primeira viagem, o ensinar as mais novas a cozinhar e muitas outras situações. Essa ligação tão próxima criava fortes laços de amizade, solidariedade e companheirismo entre as mulheres.

Isso também era facilitado, logicamente, pelo fato de as cidades serem menos hostis, as pessoas morarem mais perto, não se trabalhar tanto e o ritmo não ser tão desenfreado quanto hoje.

É óbvio que não queremos voltar ao mundo como era para nossas avós; sabemos o que ele custou a todas as mulheres em termos de falta de liberdade de escolha! Mas, se queremos defender, sem qualquer sombra de dúvida, nossas conquistas, devemos também buscar resgatar aquilo que perdemos.

Por lutarmos por nosso espaço em um mundo profissional altamente patriarcal que vê como menos importante tudo que tenha que ver com o feminino, tendemos a nos identificar com o universo masculino e também a compartilhar o menosprezo ao feminino. Isso faz com que muitas de nós supervalorizem a busca de "um homem para chamar de seu", prefiram abertamente se cercar de amigos homens e coloquem a convivência com outras mulheres em segundo plano.

Quantas de nós só saem com amigas quando estão sem companheiro e assim que o encontram passam a não procurá-las mais? Quantas mulheres, ao se casarem, deixam de ver as amigas, a não ser que façam parte de um casal que também é amigo do marido? Quantas mulheres só saem juntas para conhecer homens e não pelo prazer de estarem juntas? Quantas vezes nosso único convívio com outras mulheres é com aquelas que são da nossa família? Quantas vezes vemos mulheres falando de outras com desprezo, dizendo que elas estão com problemas de "mulherzinhas"? Ou falando mal, chamando-as de vagabundas ou mal-amadas? Ou só vendo outras mulheres como rivais diante dos homens?

A verdadeira amizade entre mulheres adultas, especialmente se casadas, é uma coisa rara hoje.

Quanto perdemos com isso!!!

Existe um conjunto de experiências que vivemos que só podem ser compartilhadas com outras mulheres, porque os homens não conseguem entender do que estamos falando. Nós temos um universo experiencial, em muitos casos, bem diferente do deles. Outras mulheres podem nos oferecer ressonância emocional, a comunicação profunda sem necessidade de tantas explicações.

Diante de uma verdadeira amiga podemos ser totalmente nós mesmas, podemos nos sentir completamente à vontade, relaxadas, pois ela nos aceita como somos, sem expectativas de quem ou de como deveríamos ser. Não precisamos "mentir emocionalmente" para preservar a relação, podemos ser autênticas. Podemos rir ou chorar juntas, sem medo de sermos taxadas de malucas. Podemos dizer e ouvir coisas difíceis de serem ditas ou ouvidas, mas que ajudam no processo de crescimento e amadurecimento. Há respeito e aceitação dos processos e tempos da outra, dos momentos de intimidade e dos momentos de isolamento. Podemos abrir nosso lado mais sombrio e/ou frágil sem medo, o que ajuda na nossa integração interna. Podemos cuidar umas das outras, mas sem o peso da maternidade, como irmãs.

Amigas são testemunhas de nossa vida, e como isso ajuda a dar significado a ela!

Para isso, a amizade precisa ser vista como algo tão valioso quanto as relações com os parceiros amorosos e com a família. Precisamos dar às amigas queridas tempo e dedicação, e não estarmos com elas quando não temos mais nada o que fazer. Escolher é também priorizar e, se escolhemos ter amigas de fato, elas também têm de ser uma das prioridades da nossa vida.

*No entanto, as Icamiabás vêm nos falar mais do que sobre a importância de ter amigas; elas também comunicam o valor de uma comunidade feminina, que não precisa ser "de mulheres, livres e independentes, sem maridos, de amazonas". Pode ser um grupo de amigas e/ou conhecidas que se reúnem para trocar experiências, histórias de vida, buscas, vitórias, derrotas, questões e o que mais quiserem. Aliás, o movimento feminista dos anos 1960/80 começou assim e foi aí que se descobriu que "o pessoal é político".**

Hoje há um movimento criado pela analista junguiana americana Jean Shinoda Bolen, chamado por ela de Milionésimo Círculo, que propõe a criação de círculos de mulheres com o objetivo de criar uma cultura pós-patriarcal. Ela sugere que mulheres do mundo inteiro se reúnam em círculos para juntas gestar essa nova cultura. Nossas míticas Icamiabás são boas inspirações para esse movimento.

Os círculos são um caldeirão psicológico e espiritual em que a nova mulher está sendo gerada, sem o registro patriarcal em sua psique. Neles acontecem conversas circulares, não lineares, em que o conhecimento sobre o que é a experiência de ser mulher vai se tecendo de forma muito feminina. Cada mulher é ela mesma e ao mesmo tempo guarda um aspecto de cada uma das mulheres que compõem este circulo. Servimos de espelho umas às outras ao percebermos que o que acontece a uma mulher de bom ou ruim poderia ter acontecido a qualquer uma de nós.

Criamos um "reino de Icamiabás" ao buscar um grupo de mulheres abertas e disponíveis para uma troca profunda e verdadeira. Isso cria um "temenos" – um vaso alquímico sagrado no qual algo é transformado, um território psíquico seguro no qual uma nova identidade feminina mais ampla está sendo forjada e com ela uma nova cultura mais inclusiva e plena de alma.

** Frase da ativista e autora feminista Carol Hanisch, que virou slogan do movimento feminista dos anos 1960.*

Iemanjá

A busca da maternagem sábia

tradição afro-brasileira/iorubá

Seu mito

Em iorubá, Iemanjá significa mãe-dos-filhos-peixe. Ela é uma Grande Mãe Primordial arquetípica. Participa dos mitos de criação do mundo, representando o Princípio Feminino.

Ela é tanto a mãe dos orixás como de seus descendentes míticos, os seres humanos.

Um mito conta que Iemanjá vivia sozinha no Orum (céu), onde dormia, se alimentava, tinha uma vida boa, mas era muito sozinha. Olodumaré, o Deus Supremo, com pena da sua solidão, decidiu que ela precisava ter com quem partilhar a comida, com quem conversar, com quem brincar, enfim, que precisava ter uma família. Então fez a barriga de Iemanjá crescer e dela nasceram as estrelas. Mas as estrelas subiram para a abóbada celeste e Iemanjá continuou sozinha. Ele então fez sua barriga crescer novamente e dela saíram as nuvens. Mas as nuvens andavam sem parar no céu, além de que, de repente, viravam chuva e caíam sobre a terra. A solidão de Iemanjá continuava.

Foi então que Olodumaré fez com que sua barriga crescesse mais uma vez e dela saíram todos os orixás! Dessa forma, Iemanjá nunca mais sentiu-se só: ela agora tinha filhos e uma família!

Outro mito conta que Olodumaré, que vivia só no Infinito, também estava cansado da própria solidão. Decidiu pôr fim àquela situação e libertou todas as suas forças. A violência delas gerou uma enorme tormenta. As águas começaram a bater em rochas, abriram grandes cavidades nelas e foram enchendo as fendas, formando os mares e os oceanos. A Terra surgiu do que sobrou da inundação.

Na superfície do mar, perto das areias, nasceu Iemanjá, vestida de azul e prata, coroada pelo arco-íris Oxumaré e cercada de algas, estrelas-do-mar, peixes e corais: ali ela fez seu reino.

E tudo o mais que existe na Terra foi criado com a ajuda dela, de seus filhos orixás e de outros orixás primordiais, como Aganju, seu irmão e mestre dos vulcões, e Ocô, que fertilizou os campos permitindo o nascimento das ervas, flores, frutos, árvores e florestas.

Iemanjá tem grandes seios, e eles e sua vulva são considerados sagrados. De seus seios nascem rios e mares, bem como o leite que alimenta seus filhos orixás e seus filhos homens.

Quando os humanos recém-nascidos ficam um pouco maiorzinhos, Oxum, que os protege até então, entrega-os à Iemanjá, que passa a ser sua protetora até o final da adolescência. Iemanjá é materna, mas não superprotetora, é mãe que educa e disciplina.

Além das crianças humanas, Iemanjá também está associada aos espíritos e entidades infantis, como os Ibejis (orixás crianças, representados pela figura de pequenos irmãos gêmeos e em alguns lugares sincretizados como Cosme e Damião).

Na África, Iemanjá é considerada a Senhora de Todas as Águas do Mundo; no Brasil é a Dona das Águas Salgadas do Mar e dos Oceanos. É a Rainha do Mar, padroeira da pesca e protetora dos pescadores.

Aqui teve uma profunda relação mítica com Nossa Senhora dos Navegantes, das Candeias e da Conceição, com as sereias do paganismo europeu e com as iaras ou mães-d'água dos indígenas. Por isso, em muitas representações aparece como uma mulher branca de longos cabelos negros e às vezes com rabo de peixe.

É a orixá mais conhecida no Brasil e pode ser considerada nossa Grande Mãe africana!

O que Iemanjá pode nos ensinar

Com a supervalorização do conhecimento científico e a existência de especialistas em tudo, uma das funções mais femininas do mundo, a maternidade, vem sendo recoberta de tantas camadas de saber especializado, de normas ditadas por "autoridades", que muitas de nós, ao termos um filho, sentimos que somos completamente ignorantes em como lidar com nossa criança. São tantas prescrições, regras e conselhos, muitas vezes contraditórios entre si, que geram confusão e muita ansiedade nas mulheres que viram mães. Muitas se sentem apavoradas, fragilizadas e incompetentes para exercer esse papel. Vive-se uma maternidade cheia de culpa, medo e insegurança.

Essa situação usurpa o poder da mulher como poucas outras!

Não podemos negar a importância da puericultura, da pedagogia, da psicologia infantil e de outras ciências que nos ajudaram a entender e aprimorar o cuidado com a infância: seria ridículo negar essas conquistas.

No entanto, como Iemanjá mostra, é na barriga dela que os filhos são gestados, é por sua vulva que eles são paridos, são seus seios que os alimentam, ou seja, a mulher que gesta e pare filhos tem um saber instintivo sobre como cuidar de sua cria. É esse saber que vem sendo descartado, desconsiderado ou até completamente negado.

É preciso resgatar e legitimar essa sabedoria que parece vir das entranhas da mulher e que pode fazer com que ela assuma o cuidado dos seus filhos com muito mais segurança e serenidade.

Não é negar o saber das autoridades e nem dos especialistas, mas assumir o saber instintivo, intuitivo e visceral da mãe. É colocar no devido lugar a importância crucial da conexão mãe e cria como uma fonte de saber.

Iemanjá também nos ensina que a maternagem tem limites, especialmente no tempo. Sem esse limite, o absolutamente imprescindível cuidado com os filhos se transforma no absolutamente pernicioso impedimento do crescimento e do aprendizado do cuidado de si. É uma "dança" entre a necessidade de cuidados maternos e a busca de autonomia do filho. Se no início a balança pende para o cuidado, no correr do tempo tem de pender para a autonomia. Maternagem precisa ter tempo de duração.

Logicamente não estamos falando de amor materno, pois isso nunca termina – a força da conexão com os filhos é eterna.

Mas essa história de que, para as mães, as filhas e os filhos são eternamente crianças, por mais que pareça "fofinha", é muito ruim para os dois lados. Ruim para a filha e o filho que não se assumem adultos inteiramente e não se responsabilizam por cuidar da sua vida, tornando-se "bebezões crescidos". E ruim para a mãe, que não tem vida própria e que só reconhece para si a identidade do cuidado materno. O resultado é que ela não suporta a separação necessária dos filhos e tenta mantê-los "presos à barra da sua saia". Ambos saem perdendo nessa simbiose travestida de amor.

Viemos ao mundo para ser inteiros, e ser filha/filho e mãe é só uma parte da nossa identidade, por mais importante que seja. Se ficarmos paralisados nisso não vamos cumprir nosso destino de plenitude.

Iemanjá é uma Grande Mãe, mas é, acima de tudo, Iemanjá.

Inana e Ereshkigal

Uma iniciação feminina

tradição suméria

Seu mito

A Suméria é uma das civilizações mais antigas da humanidade da qual restam algumas evidências. Localizava-se na parte sul da Mesopotâmia, entre os rios Tigre e Eufrates, onde hoje fica o Iraque. Uma das suas criações mais importantes foi a escrita cuneiforme, que provavelmente antecede todas as outras formas de escrita, tendo surgido por volta de 3.500 a.C. É nessa língua que foi escrito o poema épico mais antigo que chegou até nós, em fragmentos: *A epopeia de Gilgamesh*, que contém, entre outros, os mitos de Inana, sendo um dos mais famosos "A descida de Inana".

Esse mito conta que Inana, a Grande Deusa Suméria e rainha do Céu e da Terra, resolveu um dia descer ao Mundo Inferior, onde reinava sua irmã Ereshkigal, a rainha do Grande Abismo. Sabendo o quanto isso era perigoso, ela instrui sua criada Ninshubur a buscar ajuda se ela não retornar em três dias.

O Mundo Inferior não é o dela, mas Inana resolve descer assim mesmo, não se sabe bem o porquê. Ela diz que iria prestar homenagens e consolo a Ereshkigal, comparecendo ao funeral de seu marido, Gugalana, que havia morrido. Mas Ereshkigal não acredita no motivo alegado e fica furiosa com a invasão. Insiste então que Inana seja tratada de acordo com as leis e os ritos a que todos estão sujeitos quando adentram seu mundo: que seja trazida a sua presença nua e curvada.

A descida ao Mundo Inferior exige a travessia de sete portais, cada um cuidado por um guardião. Eles cumprem as ordens de Ereshkigal e cada vez que Inana passa por um portal é despojada de algo: primeiro de seus adereços, depois de suas joias, em seguida de suas vestes, até chegar totalmente nua ao último e mais profundo dos portais. Fazem-na se curvar e assim ela é levada a Ereshkigal, que pede que sete juízes a julguem pela invasão. Inana é condenada à morte. Ereshkigal mata Inana e pendura seu corpo num poste. Lá ela permanece por três dias.

Ninshubur, a criada, vendo que sua rainha não retorna ao Mundo Superior após os três dias, pede ajuda aos deuses. Pede auxílio para Enlil, Deus Supremo do Céu e da Terra, e Nana, o Deus da Lua, mas os dois se recusam a interferir nas decisões de Ereshkigal. Desesperada, Ninshubur começa a implorar a todos os deuses e finalmente Enki, o Deus das Águas, fica com pena de Inana e resolve salvá-la: modela dois seres carpidores bem pequenos que entram no Mundo Inferior sem serem notados, levando com eles a Água da Vida.

Chegando lá, veem Ereshkigal cheia de desespero e tristeza, chorando copiosamente pela morte do marido. Compadecidos, eles se põem a chorar com ela. Comovida com a empatia dos dois, ela lhes entrega o cadáver de Inana e eles, com a Água da Vida, ressuscitam-na.

Ereshkigal diz à Inana que ela pode voltar ao Mundo Superior, mas terá de mandar alguém para substituí-la. Para garantir que sua ordem será cumprida, sete demônios a acompanham.

Inana começa então sua subida. Passando novamente por cada um dos sete portais, vai recuperando suas roupas, suas joias, seus adereços e chega finalmente ao Mundo Superior.

Lá, tem de cumprir a ordem de Ereshkigal e achar um substituto para enviar à irmã. Não consegue escolher ninguém, pois vê que todos choraram sua morte. Encaminha-se, assim, para seu palácio sem saber o que fazer.

No entanto, vê ali, sentado em seu trono, feliz da vida, seu marido Dumuzi, que não havia sentido nada com sua morte. Então olha-o com o olhar mortífero de Ereshkigal, e os demônios o agarram. Ele, porém, consegue fugir e se refugia na casa da irmã, Geshtinana. Os demônios seguem em seu encalço e acabam pegando-o, mas Geshtinana se oferece para ir no lugar do irmão. Inana não aceita totalmente o sacrifício da cunhada e decide que cada um deles deve passar seis meses por ano no Mundo Inferior. E assim foi feito, até o fim dos tempos.

O que Inana e Ereshkigal podem nos ensinar*

Esse complexo mito pode ser visto como um rito de iniciação, no qual uma Deusa desce até as profundezas para resgatar aspectos do Feminino descartados pela cultura patriarcal.

A repressão milenar dessas facetas que compõem o ser mulher nos tornou, de certa forma, mutiladas. Precisamos trazer à consciência, reconhecer e recuperar esses aspectos negados para então nos tornarmos inteiras, como seres femininos completos. É isso que a história das duas irmãs sumérias, Inana e Ereshkigal, vem nos contar.

Inana, no início do mito, só tem o lado luminoso, vive em cima, no Mundo Superior, e por isso não tem profundidade. Ela não reconhece seu lado escuro, sua irmã, sua outra face, Ereshkigal. Foi isto que o patriarcado fez com as mulheres: só reconheceu como legítimo o nosso lado luminoso e, mais ainda, o lado luminoso que se põe a serviço dos outros. Somos cuidadoras, criaturas doces e meigas, bondosas, bonitas e cheirosas, nos sacrificamos pelos seres amados, damos suporte ao nosso homem, zelamos pela família e pela casa. Isso é o que define uma "mulher de verdade", uma mulher digna, uma boa mulher: isso nos foi "vendido" por centenas de anos.

E, mesmo depois do Feminismo, da luta pela liberação feminina, da conquista de tantos direitos, esse modelo de mulher quase anjo ainda "pega" muitas de nós. Por isso é que sentimos tanta culpa quando não correspondemos a esse ideal. A força dessas "verdades" ainda é muito grande e permeia nossa educação, nossa cultura e até os produtos divulgados pelos meios de comunicação, mesmo que apareçam com uma roupagem mais moderna.

Vejam a imagem de Maria, a única representante do Feminino de uma das maiores religiões ocidentais. É a virgem e a Mãe que se sacrifica pelo filho e a bondosa Mãe de todos nós, que intercede por seus filhos junto a Cristo ou a Deus – ela é só celestial. Nas outras grandes religiões monoteístas, nem esse aspecto do Feminino existe.

Muitas mulheres podem ter um aspecto cuidador, dar uma atenção especial aos relacionamentos, ter uma forma mais suave de lidar com os conflitos e com as brigas, mas isso é só parte delas. Pois, caso se identifiquem apenas com esse lado luminoso, não darão conta de ser quem são na totalidade.

Existem aspectos do Feminino que a cultura patriarcal reprimiu de forma radical e que são ligados ao lado mais instintivo, à nossa parte mais terrena, mais próxima da matéria, da corporalidade. Por vivermos em um corpo feminino e experimentarmos os mistérios do sangue – menarca, menstruação, gravidez, aborto, parto, menopausa –, essa dimensão nos é muito mais próxima do que aos homens.

Temos também em nosso inconsciente ancestral uma história milenar de mulheres morrendo no parto e de crianças geradas e paridas também morrendo aos montes. Assim, dentro de nós, em um lugar bem profundo, mesmo que de forma inconsciente, temos o saber de que tudo o que está vivo morre. Que a morte faz parte da vida e que essa é uma verdade inexorável.

Ao mesmo tempo em que existe esse aspecto de consciência da morte, há dentro das mulheres uma energia para lutar pela vida a qualquer custo, quase como um bicho se necessário; uma sensualidade ligada ao prazer de viver encarnada; uma paixão em se afirmar acima de qualquer convenção; e uma sensação de poder pessoal que não está à venda por preço algum. É a força primitiva do Feminino, que também é reprimida pela cultura.

Ambos os aspectos estão enterrados no Mundo Inferior, no inconsciente feminino, junto com Ereshkigal.

Nossa cultura controladora e onipotente tem horror a encarar o aspecto da relação indissolúvel entre a vida e a morte, porque ter consciência disso é reconhecer como é tola a pretensão de ter tudo sob o comando da vontade humana. A cultura reprime esse saber e desenraíza a mulher de seu corpo real e vivo. Viver encarnada é também se saber mortal.

A cultura pasteuriza tudo e o corpo feminino passa então a ser visto como objeto, com valor estético e mercantil.

Além disso, também reprime pelo domínio ou pelo controle simbólico essa força vital e meio incontrolável que pode ter uma mulher livre. Faz isso renegando e difamando essa faceta das mulheres. E aquelas que não rejeitam esse aspecto em si são julgadas de forma totalmente negativa, com adjetivos que conhecemos tão bem: vagabundas, pouco femininas, más, indignas, bruxas.

O que Inana faz é descer a esse Feminino Profundo e enterrado, despindo-se de suas joias e vestes, ou seja, encarando sem artifícios e defesas esse outro aspecto de si mesma, na figura da irmã. Ela aceita ser morta na forma antiga, em sua unilateralidade, em sua falta de inteireza. Ela aceita se sacrificar para resgatar esse valores femininos perdidos.

Depois, é preciso chorar pelo fato de o patriarcado ter expulsado essas facetas vitais para o mundo inconsciente, ou seja, reconhecer a imensa perda que sofremos por milênios. É o que os pequenos carpidores do mito fazem, e aí Inana pode ressuscitar.

Ela sobe ao Mundo Superior, recupera suas roupas e joias, mas não é mais a mesma Inana. Já possui o poder do olhar de Ereshkigal e consegue expulsar de seu trono o marido que o usurpou. Podemos ver com isso como nós precisamos desse Feminino Profundo reprimido para encarar o patriarcado e reocupar nosso lugar. Não é renegar os homens, claro, mas sim a cultura patriarcal que nos mutilou. Devemos honrar e legitimar que somos luz e sombra, alma e corpo, vida e morte, eterno e efêmero. Inana integrou a Mãe Celestial e a Mãe Ctônica em um novo padrão feminino.

Essa é uma iniciação que cabe a cada uma de nós fazer, cada uma a sua maneira, pois só com o resgate desses aspectos do Feminino poderemos construir essa nova identidade de mulher como MULHER, e não como complemento do homem.

* *Muitas das lições deste mito devo à analista junguiana Sylvia B. Perera e a seu livro* Caminho para a iniciação feminina, *todo dedicado à história de Inana e Ereshkigal.*

Kali

Aprendendo a pôr fim

tradição indiana/hinduísmo, vedanta

Seu mito

Kali é uma das mais poderosas Deusas do hinduísmo. É venerada na Índia como uma manifestação de Devi, a Grande Mãe, de quem tudo se origina e para quem todos devem retornar. Calcutá, *Kalikata* em bengali, a cidade mais populosa da Índia e um dos principais portos do país, deve seu nome à Deusa Kali e é lá que fica seu templo mais importante, o Dakshineswar Kali.

Apesar de ter um traço materno forte, sendo considerada uma mãe protetora e benevolente para muitos devotos, Kali tem como característica mais marcante uma face bastante sombria, como Deusa da Guerra, da Destruição e da Morte. Neste posto, ela controla o poder do Tempo, que tudo devora.

É representada com uma pele bem escura, normalmente azul ou negra, seminua, usando apenas uma saia feita de braços humanos, adornada por um colar de caveiras, com o cabelo longo e desalinhado e a língua de fora. Tem quatro braços e traz nas mãos uma espada, o tridente de Shiva, uma tigela com sangue e uma cabeça decepada ou uma caveira. Normalmente é vista dançando vitoriosa sobre o corpo de Shiva. Sua morada é o chão dos crematórios, onde os elementos da matéria são dissolvidos, reforçando sua imagem arquetípica de vida-e-morte.

Na mitologia hinduísta existem três pares de Deuses: Brahma, o Criador, e sua esposa Saraswati, a Deusa da Sabedoria; Vishnu, o Preservador, e sua esposa Lakshmi, a Deusa da Fortuna; e Shiva, o Destruidor, e sua esposa Parvati, a Deusa da Fertilidade. São pares pois na visão hinduísta/védica é o Princípio Feminino que ativa o Princípio Masculino. E todos os três pares são absolutamente necessários para a existência de tudo, alternando-se na criação cósmica, uma vez que para essa crença a vida é um eterno criar-preservar-destruir-recriar.

A doce e bela Parvati é a segunda esposa de Shiva, o Deus que dança, e a reencarnação da primeira, Sati. Ela tem a face dourada, se veste de branco e não carrega armas. Quando, porém, tem de ir à luta e combater inimigos, transforma-se na guerreira Durga, que tem dez braços, empunha uma lança pontiaguda e monta um leão.

Um dia, conta o mito, houve uma luta violenta entre Durga e o terrível demônio Mahishasura. Esse demônio era dotado de um poder muito perigoso: cada gota de seu sangue que caísse no chão se transformava em um novo demônio. Dessa forma, cada vez que Durga cortava a cabeça de um, surgiam vários outros. Durga foi ficando acuada com essa luta sem tréguas e mais e mais enfurecida com a situação. Quando sua fúria atingiu o auge, de seu terceiro olho, de repente, saltou Kali.

Kali começou então a dançar de forma frenética e furiosa e, ao mesmo tempo, a cortar as cabeças dos demônios e a lamber o seu sangue antes que caísse no chão. Assim, eles não se reproduziam mais. E quanto mais sangue bebia mais queria dançar sobre os cadáveres e continuar a matar. Depois de ter dizimado todos os demônios, continuou sua dança selvagem, matando e bebendo o sangue de tudo e de todos que via pela frente.

Percebendo que, com isso, o equilíbrio cósmico estaria em perigo, Shiva deitou-se no chão. Kali passou a dançar em cima do seu corpo, mas, ao perceber que era seu marido, acalmou-se, parou de dançar e de matar, e o equilíbrio voltou.

Kali é a última linha de defesa contra os piores demônios: onde os poderes menores falham, Kali vence!

O que Kali pode nos ensinar

Kali não é bonita, não é suave, não é doce, não é politicamente correta, não se enquadra em nenhum modelo do Feminino visto como ideal: Kali é Kali!

Então, em primeiro lugar, ela vem nos confrontar com relação à importância que damos à imagem que queremos projetar no mundo versus *a fidelidade que devemos a nós mesmas.*

Essa questão da imagem é um problema tanto para os homens quanto para as mulheres, especialmente nesses tempos em que aparecer, às vezes, é mais importante do que ter e muito mais do que ser. Para as mulheres, o problema é ainda maior. Durante milênios fomos doutrinadas a nos adequar à imagem da mulher perfeita, boa, feminina, linda, desejável. E muito da nossa autoimagem e da nossa autoestima ainda vem da adequação ou não a esses modelos.

No entanto, se nos apegarmos à imagem que queremos que os outros tenham de nós, não podemos realmente ser nós mesmas. Quantas vezes, temendo o que vão pensar de nós, nos diminuímos ou negamos facetas nossas porque elas não se adequam a nossa imagem projetada? Ou ficamos apegadas àquilo que é pobre, pequeno ou idealizado demais, que nos limita, que não dá conta de quem somos, para não mancharmos o que os outros acham de nós?

Temos quase terror de que os "famosos" outros não nos vejam mais como tão boazinhas ou adequadas ou fortes ou coerentes ou seja lá o que for. Tememos que nos vejam como mulheres reais, com nossos limites e alcances.

Mas, se quisermos conhecer quem de fato somos e o que queremos para nossa vida, não podemos ficar presas a uma "personagem" que criamos para nós. Afinal, imagem é 2D, gente é 3D – essa metáfora das dimensões mostra que ser uma pessoa é muito mais complexo, rico, amplo e contraditório do que ser uma imagem; e, se quisermos ser fiéis a nós mesmas, precisamos que Kali nos ajude a não ter medo de destruir essa representação de nós mesmas. É preciso ter coragem de desconstruir para nos vermos com mais clareza e amplitude, com tudo de luz e sombra que carregamos.

E quanto mais nos afastarmos dos modelos coletivos, ou seja, quanto mais autênticas formos, mais teremos de encarar a desconstrução da "personagem de mulher adequada". Muitas vezes dói, mas destruir nossa imagem para os outros e para nós mesmas é essencial ao processo de estarmos cada vez mais próximas daquilo que somos em nossa essência singular. Ao fazermos isso, incorporamos um pouco da força de Kali.

E essa primeira lição, apesar de muitas vezes ser bem difícil de se colocar em prática, é bem mais leve do que a próxima. Kali não é uma Deusa sutil, nem meiga: é poderosa, enfurecida e muitas vezes traz lições duras.

Ela nos ensina sobre aqueles momentos extremos, quando precisamos matar coisas dentro de nós para não morrermos internamente. Muitas vezes um relacionamento amoroso ou familiar, um emprego, um trabalho ou um tipo de vida nos faz tão mal, nos tirando o respeito próprio, a autoestima e até a vitalidade, que meio que nos destrói por dentro. Mas, por medo de sair da situação e enfrentar as consequências disso, vamos "empurrando com a barriga", muitas vezes nos iludindo com a ideia de que um dia tudo mudará para melhor. No fundo, se somos honestas conosco mesmas, sabemos que nada vai melhorar, pelo contrário, a tendência é se tornar pior. Só que temos a inclinação a "grudar" no que já conhecemos e só soltar em última instância, mesmo que essa situação conhecida seja detestável.

E parece que nós, mulheres, por termos sido doutrinadas durante milênios a nos sacrificar pelos outros, tendemos a suportar mais o insuportável. A única coisa que fazemos efetivamente é reclamar e nos fazer de vítimas. Mas isso não resolve absolutamente NADA! O que precisamos nessas horas é da ação assertiva, cortar na carne, assumir o controle da nossa vida e decidir acabar com o que nos consome.

É aí que Kali entra para nos ajudar a destruir o que vem nos destruindo.

E destruir não só fora, na vida externa: é preciso também fazê-lo dentro de nós. Significa pôr um fim definitivo naquilo que vem nos fazendo tanto mal: um fim do "lado de fora", saindo de forma concreta da situação, e um fim do "lado de dentro", em uma atitude de desidentificar, desapegar, deixar ir. É saber dar fim àquilo que nos fere mortalmente, sem medo de ferir a quem for, mesmo que a nós mesmas, porque é uma guerra justa pela nossa sobrevivência emocional.

E Kali nos traz isto: o poder de reconhecer o que deve ser destruído e morto, bem como a coragem e a energia para fazer isso. Caso contrário, o preço a pagar pode significar a perda da nossa alma!

Mulher Búfalo Branco

A busca da visão da alma

tradição dos povos nativos norte-americanos/povo dakota ou sioux

Seu mito

A Mulher Búfalo Branco, ou *Pte Ska Win* na língua lakota, é a criadora mítica da cultura do povo dakota, chamado pelos inimigos de sioux, que quer dizer serpente. Habitavam as pradarias próximas às bacias dos rios Missouri e Mississippi, no planalto central dos Estados Unidos. Viviam especialmente da caça de búfalos e bisões, de quem aproveitavam tudo: a carne, como alimento, os ossos, para fazerem suas armas, e as peles, para roupas e tendas.

Foi a Mulher Búfalo Branco quem trouxe o cachimbo sagrado e ensinou o ritual de fumá-lo para fazer a comunicação com Wakan Tanka, o Grande Espírito.

Conta o mito que, muito tempo atrás, o povo dakota estava passando por um período de enorme falta de animais para caçar e, em consequência, havia muita fome e eles não sabiam como dar continuidade à sobrevivência da tribo.

Um dia, dois jovens irmãos guerreiros saíram para caçar. Ao subirem uma colina em busca de animais, foram surpreendidos pela visão de uma jovem mulher muito bonita, que surgiu numa nuvem diante deles. Ela trajava roupas brancas e trazia em uma das mãos a pele de um búfalo também branco. Perplexos com sua beleza, eles ficaram observando-a. Ela então lhes disse para não temerem, pois só trazia paz e felicidade, e perguntou por que estavam longe de sua aldeia.

A graça e a beleza da mulher fizeram com que o irmão mais velho ficasse cheio de desejo por ela. Ele se aproximou e pediu que ela se deitasse com ele e se tornasse sua esposa. O mais novo o advertiu de que ele não devia se comportar assim, porque ela não era uma mulher comum, mas uma mulher sagrada. Depois de alertar o irmão, respondeu a pergunta, dizendo que havia grande falta de comida entre seu povo e que eles estavam buscando caça para alimentar a aldeia.

Antes que a mulher respondesse, porém, o mais velho, não dando ouvidos à advertência do irmão mais jovem, avançou sobre a mulher, tentando agarrá-la à força. No mesmo instante, ela o envolveu com a pele de búfalo e, ao puxá-la de volta, transformou o rapaz em um esqueleto.

Em seguida, a mulher disse ao mais novo: "Você e seu irmão simbolizam dois caminhos que podem ser seguidos. Se procurar primeiro a visão do Grande Espírito, estará vendo da mesma forma que o Criador e por isso será capaz de distinguir o que é sagrado, sabendo assim como ter a atitude correta. Mas, se preferir esquecer o Grande Espírito e só buscar satisfazer seus desejos terrenos, você morrerá por dentro".

Contou então que era a Mulher Búfalo Branco, o Espírito da Verdade, a Mãe dos Antigos, e ordenou que o jovem voltasse para sua tribo, contasse sobre o encontro com ela e pedisse que todos preparassem a aldeia para recebê-la, pois tinha vindo ensinar ao povo as coisas sagradas que eles tinham esquecido. Ele assim fez. Após o ouvirem, todos começaram a trabalhar para preparar uma enorme cabana, na qual toda a tribo pudesse se reunir.

Depois de pronta a cabana, viram a Mulher Búfalo Branco se aproximando, descalça, como sempre andava em sua viagens pela Terra, para não lhe causar danos. Ela entrou na tenda, irradiando fortemente a presença do Grande Espírito. Sem dizer um palavra, dançou sete vezes em círculo em torno do fogo que ardia no centro.

Cada vez que seus pés tocavam a areia ao redor do fogo, as pessoas percebiam que seus gestos eram como preces de profunda reverência à Terra.

Foi então que ela falou: "Sete vezes dancei em círculo em torno deste fogo, em reverência e silêncio. O fogo simboliza o amor que arde para sempre no coração do Grande Espírito. Vocês esqueceram suas ligações com Ele. Eu vim como um fogo do céu para reavivar a memória de vocês". De dentro de uma sacola de peles que trazia consigo, ela retirou um cachimbo e continuou: "Trago este cachimbo para ajudá-los a recordar os ensinamentos que estou lhes transmitindo. Tratem-no sempre com respeito. Ponham neste cachimbo o tabaco sagrado plantado especialmente para esse fim. Fumem-no com um sentimento de gratidão ao Grande Espírito, de cujo sopro vocês receberam a vida. Usem a fumaça para elevar seus pensamentos e suas preces a Ele. Isso vai ajudá-los a não perderem mais a conexão com Ele".

Depois, a Mulher Búfalo Branco ainda lhes ensinou os sete ritos sagrados: o ritual de purificação, a sauna sagrada; o ritual do nome, quando uma criança nasce; o ritual da cura do corpo, mente e alma; o ritual de criação de parentesco; o ritual do casamento; o ritual da busca da visão e o ritual da dança ao Sol.

Feito isso, saiu da cabana e caminhou em direção ao Sol. Depois de andar uma curta distância, olhou para trás, para o povo, e sentou-se. Quando voltou a levantar, todos ficaram assombrados, pois ela havia se transformado em um búfalo vermelho. O búfalo vermelho andou mais um pouco, deitou e rolou no chão, e quando se levantou era um búfalo negro. O búfalo negro caminhou mais uma pequena distância, deitou e rolou no chão, e quando se levantou era um búfalo branco, que se afastou e desapareceu de vez no horizonte.

O que a Mulher Búfalo Branco pode nos ensinar

A Mulher Búfalo Branco vem nos alertar sobre a importância vital de desenvolvermos "a sagrada visão do Grande Espírito" ou, traduzindo em uma linguagem mais próxima a nós, a visão da alma. Assim como o povo dakota do mito, muitas vezes parece que perdemos essa ligação com o mundo da alma. Nossa cultura materialista, focada no produzir, na eficiência, naquilo que dá resultados concretos, no ganhar dinheiro como símbolo máximo do sucesso, relegou a um segundo plano aquilo que a alimenta: a vida imaginativa, a arte, as metáforas e os símbolos, a beleza, a natureza, os encontros profundos, os mitos, os ritos.

Estamos como os dakota: famintos, mas de alimento para a alma. Essa conjuntura é comum a todos, homens e mulheres, mas talvez a nossa alma feminina se ressinta ainda mais dessa inanição. Precisamos com urgência alimentá-la, para não minguarmos por dentro.

Para isso, em primeiro lugar, é preciso descobrir o que dá a cada uma de nós (porque pode ser diferente de uma para a outra) essa sensação de ter a alma preenchida: um trabalho criativo, a contemplação da natureza, a fruição de obras de arte, encontros nos quais a troca emocional seja aberta e profunda, a música, a leitura dos mitos, a contação de histórias, a meditação, as orações, escrever ou ouvir poesia, dançar, tocar um instrumento, bordar, fazer crochê, desenhar, escrever um livro, estudar aquilo que amamos, fazer tear, teatro, realizar uma prática espiritual, criar um jardim, fazer arranjos de flores, cozinhar com arte ou o que mais se inventar!

Tudo vale se tiver como finalidade principal o prazer de fazer algo porque estamos preenchidas nesse fazer. É como se tudo fizesse sentido porque nossa alma está presente. Não pode haver qualquer intenção utilitária, pois nesse caso não é trabalho de alma. São afazeres totalmente desvinculados da busca de resultados práticos ou úteis, mas plenos de significado pessoal.

Ao mesmo tempo, é essencial ver esses afazeres como fundamentais e abrir espaço significativo em nossa vida para eles. Não como hobbies, *distrações ou algo que fazemos de forma quase envergonhada, sentindo que estamos perdendo tempo. Precisamos com urgência desenvolver a consciência de que alimentar a alma é tão essencial à vida – a que vale ser chamada de vida – quanto alimentar o corpo!*

Outro precioso ensinamento da Mulher Búfalo Branco diz respeito aos rituais, que também podem trazer alma à nossa vida. Nossa cultura é quase totalmente despida de rituais e, quando eles existem, normalmente são isentos de um sentido mais profundo. Como toda linguagem simbólica, os rituais falam à nossa essência. E trazem, em seu nível mais profundo, esse mistério que é o espelhamento do mundo interno com o mundo externo. Não ter rituais torna a vida mais banal, mais sem graça, mais pobre.

Ritualizar nossos momentos importantes, sejam felizes ou tristes, faz com que eles sejam "aportados" na nossa vida e lhes confere um significado maior. Os rituais, mesmo os pequenininhos, ajudam a encerrar nossas vivências ou a nos preparar para o novo. Eles não precisam ser coletivos, nem inseridos na cultura, podem ser absolutamente pessoais e singelos, como acender uma vela para agradecer algo que a gente conseguiu ou resolveu; queimar algum objeto simbólico para nós, com o objetivo de marcar com clareza o fim de algo que foi importante, mas que terminou; colocar flores em nossa casa para trazer beleza e perfume e nos dar um carinho em um momento de tristeza; tomar uma taça de vinho e brindar sozinha para celebrar um momento de conquista; comprar almofadas bem coloridas para trazer cor à nossa casa e encerrar uma fase "cinza" por que passamos, e o que mais nos der vontade.

Podemos usar nossa criatividade e nossa intuição para, com a maior liberdade interna possível, criar rituais que façam sentido para nós. O importante é darmos a esses gestos nosso tempo, nossa energia e nossa atenção, sentindo que estamos inteiros no que fazemos – com corpo, mente e coração – por mais simples que sejam! Esses gestos podem ser nossos cachimbos sagrados, que nos reconectam com o significado maior de estarmos vivas.

Mulher Pensadora

As crenças criadoras de mundos

tradição dos povos nativos norte-americanos/povo keres

Seu mito

A Mulher Pensadora, *Tse che nako*, é a Deusa criadora dos povos nativos norte-americanos keres, que vivem no Novo México desde os tempos pré-colombianos. Ela é a tecelã responsável pela criação e manutenção do universo, fiando e tecendo continuamente a vida em seus pensamentos.

No começo dos tempos, a Mulher Pensadora, ou outra de suas formas, a aranha *Sus'sistinako*, morava num espaço que lhe pertencia, que não era nem frio, nem quente, nem claro, nem escuro, mas nele existia o poder cristalino e vibrante do vazio. Era o poder do pensamento claro, dos sonhos criativos, sem formas nem movimentos, mas que vibravam como um som contínuo, completo e belo.

Usando esse som que aparecia à sua frente como se fossem ondas e fios, ela começou a pensar e tecer o mundo, uma coisa de cada vez, com paciência, precisão e arte: primeiro o Sol, depois a Lua e depois as estrelas.

Ainda com o som, seguindo seus pensamentos, seu canto e sua tessitura, criou as irmãs divinas, suas filhas *Naotsete* e *Uretsete*.

As duas filhas, ao lado de *Tse che nako*, também começaram a pensar, tecer e cantar sem parar, e globos de luz passaram a se formar, configurando uma enorme espiral de estrelas que foi morar no firmamento. Na sequência, com os pensamentos criadores, fizeram surgir novos globos de luz que, dançando e vibrando, originaram todos os planetas.

O seu trabalho de pensar com o auxílio das filhas criou ainda os mares, os rios, as plantas, as florestas, os minerais e os *katchinas*, as personificações espirituais dos elementos da natureza e dos ancestrais.

À medida que ela continuava pensando, novas ondas e fios apareciam e, com eles, foram gerados os animais. No fim de tudo, surgiram os seres humanos.

Mas a criação não parou por aí: murmurando e cantando, a Mulher Pensadora continuava a pensar, e o poder se manifestava em toda parte, com outros sons e canções que passaram a ser ouvidos à medida que a criação se manifestava. O poder girava, cantava e dançava até se expandir aos confins do universo.

A Criadora olhou sua obra, sorriu para suas filhas e cada uma delas passou a criar e a cuidar de novos mundos e seres, preenchendo todo o universo com inúmeros níveis e planos de criação.

A Mulher Pensadora ainda fez mais, pois não restringiu a capacidade de criar a si própria e as suas filhas divinas: confiou a todos os seres humanos o dom de criar com o pensamento. Assim, mulheres e homens são cocriadores do mundo, embora em graus diferentes: o pensamento de cada indivíduo é, logicamente, menos poderoso do que o da Deusa, mas a humanidade também é responsável pelo mundo em que vive. E com isso ele nunca está totalmente acabado, mas em processo eterno de criação e recriação!

O que a Mulher Pensadora pode nos ensinar

Apesar de a maioria das pessoas achar que vive na "realidade", essa coisa absoluta que chamamos de realidade não existe. O que percebemos como real é permeado por nossas crenças. Vivemos imersos em um mundo simbólico e não ter consciência disso é viver de forma ilusória.

Com esse fascinante mito de criação, Tse che nako, ou a Mulher Pensadora, vem nos mostrar, ou relembrar, que não existe percepção pura, pois nossa visão dos fatos do mundo externo tem de passar pela nossa mente ou psique. Percepção é sempre, em alguma medida, interpretação.

O que pensamos existir existe de fato para nós e, assim como a Mulher Pensadora, tecemos a nossa "realidade continuamente com nosso pensamento". A forma como acreditamos que a vida é determina como a enxergamos e como a vivemos: o mundo interno e o mundo externo são expressões de uma mesma realidade. Nossas crenças são os "óculos" com os quais enxergamos a vida. E, quanto menos consciência temos disso e quanto mais acreditamos que nossa visão é A verdade, mais cegos vivemos, mais inconscientes somos em relação à maneira como nossas crenças também estão criando aquilo que enxergamos como real.

E, lógico, os "óculos" mais comuns são dados pela cultura predominante à nossa volta, e a cultura dominante em que estamos imersas "prega algumas verdades" que são assustadoras. É uma cultura infantilizada, individualista e imediatista, que estimula as ilusões.

Ainda hoje muitas de nós, mulheres, por mais modernas que sejamos, achamos no fundo que só podemos ser felizes se vivermos um conto de fadas romântico, no qual o amor de um homem, visto como um príncipe encantado, vai nos salvar das dificuldades, agruras, solidão e sofrimentos da vida, e também de nossas responsabilidades como adultas.

É a fórmula batida, absolutamente falsa, mas que jaz embutida ainda que de forma inconsciente na cabeça de tantas mulheres: "Casaram e foram felizes para sempre!"

E se a mulher se casa e vê que nada é como "lhe prometeram", muitas vezes, em vez de ver que sua visão de uma relação humana real está totalmente equivocada, acaba achando que casou com o príncipe errado.

Apesar de estarmos no século 21 é impressionante como ainda hoje tantos produtos culturais estimulam e perpetuam essa ilusão!

A cultura também tem outros aspectos nefastos: vivemos um capitalismo que beira a irracionalidade e que nos vê em primeiro lugar como consumidores, e não como pessoas. Consequentemente nos estimula a ver a nós mesmas e aos outros como mercadorias, que devem ostentar um alto "padrão de qualidade" para serem valorizados. O valor do indivíduo no mundo é seu valor de mercado.

A mulher que acha que ainda não achou o homem "ideal" sente-se culpada e vê sua autoestima despencar, pois acredita que isso é fruto de estar gorda demais ou magra nos lugares errados, ou que seus seios são muito pequenos ou muito grandes, que suas pernas não são musculosas o suficiente, ou que tem muita barriga, que sua pele está feia, que seu nariz não tem o tamanho ideal, que está velha demais, o cabelo não é mais sedoso, a cintura não é mais tão fina, e assim por diante.

É a crença de que o amor ocorre num mercado em que a beleza, a juventude e a perfeição relacionadas aos modelos vigentes são a moeda de troca feminina. Para os homens a situação não é muito melhor: sucesso profissional, dinheiro, virilidade e a capacidade de ser macho alfa são alguns dos atributos que eles precisam ter.

Parece que estamos buscando pares que "agreguem valor à nossa marca", e não que tragam valor à nossa vida! Estamos nos coisificando, e com isso as relações possíveis entre humanos reais se perdem.

Se a cultura estimula a busca de nada mais nada menos do que a perfeição plastificada, não dá para se relacionar com gente, esses seres tão imperfeitos. Além do mais, as relações humanas também são imperfeitas, geram conflitos, mal-entendidos, nos fazem sofrer, nos questionar, mudar, crescer, amadurecer – então é melhor ter "relações" idealizadas, de imagens, não relações de fato.

Tudo isso nos afasta do amor e do afeto possíveis e absolutamente imperfeitos, ambíguos e confusos que duas criaturas humanas são capazes de sentir uma pela outra. Perdemos o possível, que pode ser experenciado com todas as suas imperfeições, mas também com toda emoção e todo sentimento, para um ideal impossível de ser atingindo e que só nos traz frustrações.

Outra crença fortemente disseminada por essa cultura é a de que precisamos de coisas, muitas coisas para sermos felizes: aliás, quanto mais coisas mais felicidade! Para isso precisamos trabalhar de forma insana, sem tempo para mais nada, para acumularmos cada vez mais coisas sofisticadas, caras, de "última geração", e assim chegarmos cada vez mais perto da felicidade plena.

É outra falácia absurda: coisas não nos fazem felizes, podem quando muito nos alegrar temporariamente.

Não se trata de pregar o ascetismo, mas de ter clareza do que de fato é necessário para uma vida confortável, sem ser fisgado pela ideia de que serão coisas que vão preencher nossa sede de alma, de afeto e de significado. E não cair no erro de achar que a grande meta da vida é ganhar cada vez mais dinheiro para poder gastar cada vez mais. Não restringir a vida ao binômio trabalho-consumo e com isso não ter tempo de viver toda a gama de experiências que ela pode nos proporcionar. Afinal, o que faz nossa vida ser de fato rica, interessante e instigante são as experiências que vivemos.

Apesar de serem crenças que só nos prejudicam, estamos imersos nessa cultura e elas são constantemente reforçadas por serem disseminadas entre a grande maioria das pessoas. Somos também bombardeadas de forma incessante pelas instituições que se sustentam dessas crenças. É preciso um esforço consciente e forte para nos distanciarmos o suficiente dessa visão, ganharmos perspectiva e ver que ela é só isto: uma visão da realidade, e não A realidade.

Precisamos tomar consciência dessas crenças para sabermos se queremos permanecer com elas ou trocar por outras que falem mais à nossa essência! Se criamos realidade com nossos pensamentos e crenças, podemos transformá-la ao mudar nossa visão.

Mudar não é nada fácil, porque exige remar contra a maré, mas é a única forma de criarmos uma vida mais plena de alma e sentido.

A Mulher Pensadora vem nos perguntar, com seu som vibrante: Com nossa visão da vida, que mundo estamos criando para nós e para os outros? É um mundo em que queremos viver, em que queremos que nossos filhos e nossos netos vivam? Temos orgulho da nossa cocriação?

Nanã
A Senhora dos Primórdios

tradição afro-brasileira/iorubá

Seu mito

Nanã Burucu é a mais velha das aiabás. Aiabá em iorubá quer dizer rainha e é a denominação usada para todos os orixás femininos. Nanã vem de tempos tão remotos, anteriores à descoberta do ferro, que em seus rituais não se utilizam objetos de metal. É uma anciã forte, poderosa, introspectiva e sábia. Representa o arquétipo da Grande Avó.

Nanã mora no fundo das lagoas e é a dona das águas misturadas à terra: a lama e a água dos pântanos. O baobá é sua árvore sagrada. Usa um cetro, que também serve como arma, o ibiri.

Segundo o mito, o ibiri nasceu junto com ela, na mesma placenta. Na hora do nascimento, ele enrolou-se por encanto e cobriu-se de búzios, miçangas, contas e outros enfeites. Ele é o gêmeo de Nanã e um poderoso instrumento, fonte de muito axé (energia vital que permeia tudo na terra e no reino dos orixás).

O ibiri representa a forte relação de Nanã com os espíritos ancestrais. Ela é a orixá da memória. Une passado, presente e futuro; é a guardiã das experiências históricas dos ancestrais e das civilizações.

Foi ela quem proporcionou a matéria-prima com que as mulheres e os homens foram feitos.

Quando quis criar o Mundo e os Humanos, Olorum, o Senhor do Céu, encarregou Oxalá, o grande orixá, de fazer isso. Após criar o planeta, Oxalá tentou modelar o ser humano: primeiro com o vento, mas não deu certo, porque ele logo se desfez. Tentou fazer de madeira, mas a criatura ficou muito dura; de pedra foi ainda pior! Fez de fogo, e ele se consumiu; tentou usar azeite, água, até vinho-de-palma, mas nada dava certo.

Foi então que Nanã veio ao seu socorro: apontou com seu ibiri para o fundo da lagoa e de lá retirou uma porção de lama. Entregou essa lama para Oxalá que, com ela, conseguiu finalmente modelar a mulher e o homem. Depois Olorum jogou neles seu sopro sagrado e eles ganharam vida e, com a ajuda de todos os orixás, povoaram o mundo.

No entanto, Nanã não deu a matéria para o corpo dos humanos, só a emprestou por tempo determinado; sempre chega um dia em que a quer de volta. Então todos, mulheres e homens, um dia morrem, pois seus corpos têm de retornar à terra, à natureza de Nanã Burucu.

Dessa forma, Nanã é a mãe ancestral de todos e a que traz a vida e a morte, dois opostos indissolúveis.

O que Nanã pode nos ensinar

Que para buscarmos nossa identidade mais profunda, nós, mulheres contemporâneas, precisamos conhecer as histórias da nossa ancestralidade feminina e nos reconectar com elas.

Como nossa vivência hoje parece tão distante da história de vida de nossa mãe, mais ainda da mãe de nossa mãe, nossa avó, ou da mãe dela, nossa bisavó, parece-nos que elas não nos interessam ou pouco têm a nos dizer ou acrescentar.

Esse é um grande erro! Somos fruto dessas histórias, todas descendemos de "Nanãs"; o ambiente feminino que nos gerou e a quem pertencemos também nos constitui.

Precisamos resgatar essa linhagem materna para entender nossos padrões: os bons que queremos preservar e os nefastos, dos quais queremos nos libertar. Temos que separar o que é nosso do que é de nossa mãe, de nossa avó, de nossas ancestrais, e que vivem, de forma inconsciente, dentro de nós. E também incorporar dessa ancestralidade qualidades que nos faltam.

Essa reconexão nos ajuda a ligar presente, passado e futuro ou, de forma simbólica, a Deusa Tríplice, nos seus três aspectos ou momentos: Donzela, Mãe e Anciã.

A avó carrega em seu corpo e em sua psique a Donzela e a Mãe que ela foi e a Anciã em que se transformou, ajudando-nos a ampliar a consciência de quem somos, da formação de nossa identidade feminina e de quem poderemos ser. O ontem pode nos ensinar a viver o hoje e a "plantar" o amanhã.

Outra lição de Nanã tem que ver com a relação entre a vida e a morte. Nossa cultura tenta, sempre que possível, negar a realidade da morte ou, no mínimo, relegá-la na maior parte do tempo à inconsciência. Vivemos como se a vida fosse eterna e qualquer pensamento de que ela é finita é visto como algo a ser evitado, por ser soturno, funesto.

Contudo, é a consciência de que a vida acaba que nos impulsiona a viver com plenitude, com coragem de ir atrás daquilo que queremos, de ser quem somos de verdade, dos nossos sonhos, em vez de viver sob o jugo do medo, da dependência, do julgamento dos outros, da busca de segurança a qualquer preço, num triste conformismo.

Sem pensar na possibilidade de que a morte pode chegar a qualquer hora, adiamos para sempre a hora de buscar uma vida mais autêntica, que tenha que ver com nossa essência.

Por mais paradoxal que possa parecer, é a consciência da morte que nos impulsiona a viver a vida como uma bênção diária e como uma jornada de aventura!

Nu Wa

As polaridades que geram vida

tradição chinesa

Seu mito

Nu Wa, que quer dizer Harmonia Feminina, é uma Deusa-Mãe da China antiga. Em algumas representações, tem a parte superior do corpo de uma mulher e a parte inferior de uma serpente.

Conta o mito que, no começo de tudo, o que existia era só um imenso ovo negro, que continha o Yin e o Yang. Também havia dentro do ovo um espírito, Pan Ku, que crescia com ele, tornando-se gigantesco. Por 18 mil anos o ovo flutuou, chocando os três elementos que estavam em seu interior. Depois desse tempo, Pan Ku despertou e, com um golpe vigoroso de machado, rompeu o ovo, separando o Yin e o Yang, separando o céu da terra e dando início à criação do mundo. E da terra surgiu Nu Wa.

Um dia, ela estava andando pelos campos e olhou para as montanhas ao longe, os rios correntes, as densas florestas; viu os pássaros cantando e voando no céu, os peixes brincando na água, os animais nas campinas, os insetos na grama: o mundo era muito lindo!

Mas Nu Wa sentia-se muito sozinha e infeliz, e

não sabia bem o porquê. Ela tentou falar de sua solidão para as montanhas e para as florestas, mas elas não a entenderam; tentou falar para os pássaros, para os peixes, para os outros bichos, mas ninguém a entendeu.

Sentindo-se muito triste, Nu Wa sentou-se à beira do rio Amarelo e olhou para seu reflexo na água. Foi quando soprou uma brisa ligeira e uma folha caiu na água, causando leves ondulações. O reflexo de Nu Wa ficou oscilando. Foi quando ela percebeu o que lhe faltava: seres iguais a ela.

Pensando nisso, pegou um pouco de argila amarela que se depositava na ribanceira do rio e, com ela, moldou uma figura semelhante a seu reflexo na água. Era uma figura pequenina, mas com o rosto parecido com o seu, com duas mãos e dois pés. Quando Nu Wa colocou a figurinha no chão, a criatura ganhou vida. E porque tinha sido feita à imagem e semelhança de Nu Wa, sabia falar sua língua. O coração solitário de Nu Wa ficou muito feliz.

Então, Nu Wa continuou fazendo mais figuras e chamou-as de *ren* (pessoa). Elas conversaram com Nu Wa, a aplaudiram e depois se espalharam pelo mundo. Ela ficou orgulhosa de sua criação e resolveu povoar o mundo de *rens*.

Começou a moldar de novo outras criaturas, moldou e moldou. Mas o mundo era tão grande que, mesmo trabalhando até ficar com os dedos entorpecidos, tudo ainda continuava muito vazio. Foi aí que teve uma nova ideia: pegou um caniço do rio, molhou na lama e começou a girar, fazendo um grande círculo. Com esse movimento do caniço, pedaços do barro respingavam no chão, formando novos *rens*. Assim, ela fez inúmeras dessas criaturas e as espalhou por todos os lugares do mundo.

Muito feliz, Nu Wa resolveu descansar um pouco. Agora já tinha um monte de gente para conversar e lhe fazer companhia. E as criaturas também começaram a criar coisas: aravam o campo, criando plantações e jardins, construíam casas, castelos, cidades; enfim, tinham uma vida próspera.

No entanto, um dia, quando foi visitá-los, descobriu que muitos estavam deitados no chão sem movimento, de cabelos brancos: tinham morrido. Ao ver isso, Nu Wa ficou muito preocupada: ela tinha trabalhado tanto, mas os *rens* envelheciam e acabavam por morrer. Se ela quisesse um mundo povoado por *rens lei* (a humanidade), ela teria de criar pessoas sem parar.

Nu Wa ficou muito entristecida, pensando onde ia buscar ânimo e forças para continuar criando pessoas incessantemente, para um dia a morte levá-las. Seria um trabalho que não findaria nunca! Sentou-se profundamente desanimada em uma montanha e ficou olhando a lua cheia que brilhava solene no céu escuro. Foi quando duas de suas jovens criaturas passaram ao longe, e ela viu suas sombras ao luar.

Nu Wa entendeu o problema básico de sua criação: os *rens* não tinham polaridade. Existiam apenas *rens*, mas não *rens-yang* e *rens-yin*. E então ela soprou uma lufada escura de yin em um *ren* e ele se tornou fêmea, e soprou uma lufada clara de yang em outro *ren* e ele se tornou macho. E eles olharam um para o outro, não resistiram e se acasalaram.

A Deusa viu que tinha achado a solução definitiva para seu problema: parte dos *rens* seria yin e parte yang. Nu Wa soprou yin e soprou yang de forma equilibrada sobre as criaturas, e dessa forma a própria humanidade assumiu o papel de se recriar indefinidamente!

O que a Nu Wa pode nos ensinar

Esse mito de Nu Wa, riquíssimo em simbolismo, nos ensina a aceitar e lidar com atitudes opostas na vida: atividade X receptividade, objetividade X subjetividade, pensamento linear X pensamento circular, foco X diversificação, extroversão X introversão, discriminação X inclusão, competição X cooperação, racionalidade X emocionalidade, planejamento e controle X deixar fluir.

É interessante observar quanto o segundo elemento de cada par de opostos é considerado, em nossa cultura, menos importante e menos valorizado do que o primeiro. Ao mesmo tempo, estão todos associados a características do Feminino. Mesmo com todas as conquistas de espaço das mulheres no dito mundo masculino, tendemos também a ver as segundas atitudes dos pares de opostos como denotações de fraqueza, vulnerabilidade. Assim, fugimos delas. Mas essa é uma visão unilateral. Todas essas atitudes não são certas ou erradas, fortes ou fracas:

dependem da situação a que se relacionam. Ver uma atitude como melhor do que a outra é ter uma visão limitada e empobrecida da vida, o que fortalece ainda mais essa cultura desequilibrada em que estamos vivendo. Além disso, não se trata de atitudes femininas ou masculinas, mas humanas.

Assim como não faz o menor sentido dizer que o quente é melhor do que o frio, que a noite é superior ao dia, que o escuro vale mais do que o claro, também não faz o menor sentido dizer que uma atitude em si é melhor, superior ou vale mais do que a atitude oposta.

Muitas vezes é melhor ser receptiva que ativa; e ser receptiva não é ser passiva. Muitas vezes é a receptividade que faz as coisas acontecerem. Em outras ocasiões, a ação é a única atitude correta.

Quantas vezes ver a vida de forma subjetiva é confundir tudo? Muitas vezes precisamos da objetividade para clarear o que estamos vivendo. Mas quantas vezes é o subjetivo que está mais perto da verdade, e o objetivo nos afasta da real experiência vivida?

Quantas vezes o pensamento linear não nos leva a lugar algum, mas o pensamento circular torna tudo confuso e também não nos deixa sair do lugar? E quantas vezes o pensamento linear nos põe na trilha certa e o pensamento circular amplia nossa visão em espirais crescentes de novas perspectivas?

Muitas vezes se pede foco às pessoas, e essa atitude é empobrecedora, pois exclui possibilidades que uma visão mais ampla acarretaria. E em tantas outras situações, diversificar é tornar-se dispersivo. Em determinadas circunstâncias, sem foco não chegamos a nada, e em outras a opção de diversificar é a mais adequada.

Quantas vezes introverter é se isolar e extroverter é se perder? E quantas vezes introverter é reconectar-se consigo e extroverter é reconectar-se com o mundo?

Muitas vezes é preciso discriminar para separar o joio do trigo, mas outras vezes é preciso incluir para não perder tesouros. Muitas vezes discriminar é excluir e outras vezes incluir é abarcar o inaceitável.

Quantas vezes competir leva a resultados mais pobres do que conseguiríamos com cooperação? E quantas vezes é a competição que nos empurra para buscarmos o melhor de nós?

Em muitas situações, a racionalidade nos limita e empobrece nossas escolhas; outras vezes também a emocionalidade nos leva a decisões desastrosas. Algumas vezes a melhor decisão é ouvir nossa razão e em outras nossa emoção é quem deve estar no comando.

Em determinados casos, o deixar fluir é desleixo e negligência, e o planejamento e o controle é que trazem os resultados necessários. Em outros, a sabedoria é deixar fluir, e o planejamento e o controle só atrapalham os acontecimentos.

Ou seja, nenhuma atitude é boa em si ou melhor do que a outra, tudo depende das circunstâncias. Ser uma pessoa mais equilibrada, mais rica em experiências e mais madura implica sermos capazes de alternar ou mesclar essas atitudes o tempo todo, sem nenhuma rigidez.

Nós, mulheres em busca de uma identidade feminina mais ampla, devemos sempre buscar essa flexibilidade na forma de agir e de pensar, sem julgar que somente um tipo de comportamento é o correto. Isso não existe, não existe fórmula pronta para bem viver a vida. A riqueza interna vem de nos experimentarmos em todas as nossas possibilidades e facetas.

Como nos mostra Nu Wa, a criatividade vem da relação entre os opostos. É o eterno jogo do Yang contido no Yin e do Yin contido no Yang, como no símbolo Tei-Gi, do taoísmo, no qual um círculo se divide como dois peixes invertidos, um preto e um branco, e no preto há um pequeno círculo branco, e no branco, um círculo preto.

É no saber dançar com as polaridades da vida e na vida que reside a verdadeira sabedoria!

Oxum
A doce guerreira

tradição afro-brasileira/iorubá

Seu mito

Oxum é a mãe das águas doces: seus domínios são os rios, os córregos, as cachoeiras e o "encontro das águas", onde o rio desemboca no mar. Como nós somos gestados dentro de uma bolsa de água, Oxum também rege o ventre, a gestação, o parto e o cuidado com as crianças recém-nascidas, daí ser chamada com frequência e carinho de Mamãe Oxum.

Oxum é vaidosa e adora flores, perfumes e joias. Sua cor predileta é o amarelo-ouro. O abebé, um leque de latão dourado com um espelho no centro, no qual ela se olha e se admira, é seu principal adereço. Seu abebé também pode se tornar uma poderosa arma de luta ao ser usado para desviar a luz e cegar os inimigos.

Conta um de seus mitos que, convocada para uma guerra (todos os orixás, tanto masculinos quanto femininos, têm um aspecto guerreiro e todos participam de lutas), resolveu se vestir para tal. Levou tanto tempo se arrumando para ir bonita que, quando ficou pronta, a guerra tinha terminado.

É dona de grande doçura e meiguice, conseguindo muita

coisa com seu dengo, com suavidade e diplomacia. Houve uma vez, inclusive, que sua atuação foi fundamental para os seres humanos.

Ogum, o mais bravo guerreiro de todos os orixás e Senhor das Forjas, um dia se cansou da cidade e de seu trabalho com o ferro, resolvendo voltar para a floresta e ser um caçador.

Ele sabia que era muito poderoso e que nenhum orixá iria obrigá-lo a fazer o que não quisesse. Deixou de fazer as armas, os utensílios e as ferramentas usadas na agricultura e partiu em sua jornada, abandonando tudo. Com isso, os homens começaram a morrer de fome, pois não tinham mais como plantar sem suas ferramentas.

Todos os orixás foram até Ogum tentar convencê-lo a voltar, mas a nenhum ele atendeu.

Os orixás estavam desesperados, sem saber o que fazer, quando Oxum se ofereceu para buscar Ogum. Eles riram e debocharam dela: disseram que ela nunca conseguiria, afinal os melhores guerreiros já tinham ido até lá e nada. Falaram inclusive que Ogum poderia machucá-la ou matá-la, pois era muito violento.

Mas ela insistiu e insistiu, dizendo que tinha poderes de que eles nem suspeitavam. Depois de muita conversa, acabou convencendo-os.

Vestiu então uma linda saia esvoaçante, deixou seus longos cabelos soltos, ficou descalça, passou um perfume arrebatador e partiu para a floresta.

Ao chegar perto de onde Ogum estava morando, ela começou a dançar: uma dança leve, ondulante e suave como o vento. Ogum ficou encantado, mas não se aproximou. E continuou dançando e, aproximando-se ainda mais, passou mel na boca de Ogum. Continuou dançando e molhando a boca de Ogum com o mel até que ele começou a segui-la. Ela ia na frente e ele atrás, acompanhando inebriado. E assim foi lentamente levando Ogum até a cidade.

Ogum não se deu conta do estratagema de Oxum e, de repente, lá estavam os dois na praça da cidade. Os orixás todos esperavam ali e aclamaram a volta de Ogum.

Temendo ser chamado de fraco por ter sido enganado por uma mulher bonita, Ogum disse que tinha voltado por sua própria vontade.

Ele então voltou às forjas, a fome e a morte foram espantadas, e dessa forma doce, suave, esperta e pacífica, Oxum salvou a humanidade.

O que Oxum pode nos ensinar

Nós tivemos de nos revestir com uma forte "armadura" para conquistar e manter nosso lugar nesse mundo patriarcal, masculino, competitivo e muitas vezes feroz. Isso foi essencial para deixarmos o papel de submissão que representamos por séculos.

Aprendemos a lutar, o que foi necessário e muito bom, mas com isso também fomos desaprendendo outras formas de estar no mundo.

Oxum pode nos relembrar ou mesmo ensinar outras maneiras de lidar com a vida.

Podemos começar nos fazendo alguns questionamentos, do tipo: será que é preciso entrar em todas as guerras que aparecem? Será que essa luta que se apresenta é valiosa e realmente necessária, ou estamos nela porque não suportamos não vencer? Será que todas as batalhas em que entramos são nossas, ou estamos assumindo batalhas de outros só porque vestimos a roupa de guerreiras? Será que por vezes não é mais sábio ficarmos ocupadas com outras coisas e deixar que a guerra termine por si?

Com frequência, guerrear ou não pode ser uma escolha. Às vezes, deixar o conflito para lá e não querer vencer a qualquer custo é a atitude mais inteligente a ser tomada.

Precisamos aprender a discriminar as boas e necessárias lutas nas quais devemos nos engajar daquelas que só nos fazem perder tempo e energia!

Além disso, nossa cultura é muito violenta e exalta em todos a capacidade de brigar e de vencer, mesmo que à custa dos outros. Muitas de nós, mulheres, sem pensar muito, "compramos" essa visão.

Oxum pode vir em nosso auxílio e nos ensinar que nem toda conquista tem de ser necessariamente pela força, pela competição, pela briga, pelo domínio, pela derrota do outro. Também é possível conseguir o que desejamos usando a força da doçura e da gentileza. E isso sem manipulação, nem buscar seduzir para obter vantagens.

Trata-se de usar as qualidades sutis, suaves, buscando um apaziguamento dos ânimos, uma solução mais pacífica dos conflitos. É não ver no outro um inimigo a ser derrotado, mas alguém a ser convencido com paciência, tolerância e sensibilidade, coisas que tanto fazem falta neste mundo. Afinal, saber brigar é essencial, mas saber depor as armas também é!

Honrar essas características de Oxum é trabalhar pela cultura da paz, tão essencial à nossa sobrevivência como espécie.

Perséfone

Os ciclos de morte e renascimento

tradição greco-romana

Seu mito

Demeter, Deusa dos Cereais e das Colheitas, teve com Zeus, que também era seu irmão, uma filha – Coré. Coré, que quer dizer donzela, vivia com sua mãe e estava sempre próxima dela. Era protegida de tudo e poupada de qualquer aborrecimento.

Contudo, Hades, seu tio e o poderoso Senhor do Mundo Subterrâneo e dos mortos, se apaixonou por ela e planejou raptá-la. Um dia, quando Coré estava colhendo flores com suas amigas, viu um belíssimo narciso. Atraída pela beleza da flor e por seu perfume, se aproximou e se abaixou para cheirá-la. Nessa hora a terra se abriu e surgiu Hades em sua bela carruagem, puxada por quatro enormes cavalos negros. Ele segurou Coré, sem ligar para seus gritos, a levou com ele para seu reino e lá a tomou como esposa.

Demeter, sem saber onde estava sua filha, ficou desesperada e procurou Coré sem cessar por muito tempo, mas não a encontrou. Entrou então numa tristeza profunda, recusando-se a fazer a terra florescer. As colheitas não aconteceram, a terra começou a secar e a fome se tornou uma ameaça.

Zeus ficou com medo de que os homens morressem de fome e não pudessem mais cultuar os deuses, então pediu que Hermes fosse até Hades e trouxesse Coré de volta.

No entanto, lá no mundo inferior, ela havia comido uma romã oferecida pelo marido. Ela não sabia, mas nesse mundo, quando se come alguma coisa, não se pode mais sair dele.

Assim, houve uma negociação entre Zeus, Demeter e Hades, e Coré passou a viver seis meses com Hades no mundo subterrâneo e seis meses com sua mãe no mundo de cima.

Mas, fosse no mundo inferior ou no mundo superior, ela não era mais a mesma! Sua descida ao mundo inferior a transformou radicalmente – não era mais uma donzela, uma filha, mas uma Deusa – Coré morreu e nasceu Perséfone, Rainha do Mundo Subterrâneo.

Junto com seu marido Hades, ela passou a governar as almas dos mortos e assumiu o papel de juíza da humanidade depois da vida. Também tornou-se a condutora dos heróis gregos e de Psiquê em suas viagens ao mundo inferior!

O mito de Demeter e Perséfone tornou-se a base dos Mistérios de Elêuses, os mais sagrados e importantes rituais religiosos da Grécia Antiga.

O que Perséfone pode nos ensinar

Em primeiro lugar, Perséfone nos mostra que, para amadurecermos e nos tornarmos mulheres adultas, precisamos nos separar psicologicamente de nossa mãe. Isso significa ter consciência do que é dela – em termos de valores, visão de mundo, crenças, forma de viver e padrões emocionais – e do que é nosso.

Depois dessa discriminação, temos de legitimar quem somos. O cordão umbilical simbólico tem que ser cortado para que deixemos de ser "a filha" e nos tornemos nós mesmas.

Normalmente isso é muito difícil porque, de certa maneira, nos sentimos traindo nossa mãe, e ela frequentemente se ressente dessa necessária diferenciação.

Só que, se quisermos deixar de ser uma Coré – simbolicamente uma "filhinha da mamãe" – para nos tornarmos Perséfone – uma mulher adulta, dona do seu destino – precisamos fazer essa separação, por mais dolorida que seja.

E, se somos mãe, uma Demeter, temos que deixar nossas filhas Corés crescerem, seguirem seus caminhos e se tornarem Perséfones.

Perséfone também nos mostra que a vida e o nosso desenvolvimento são cíclicos e, de tempos em tempos, precisamos deixar nossa forma antiga de ser morrer para renascermos em uma nova forma, como quando deixamos de ser crianças para nos tornarmos adolescentes. O processo de amadurecimento não acontece sem tempos de mergulho na dor e no "escuro". Essa morte da forma antiga sempre implica, de certa forma, em perda e em luto. E também em ganhos e celebração. Essa alternância de perdas e ganhos acontece durante toda a nossa vida.

Muitas vezes temos que aceitar tempos luminosos no "mundo de cima" e tempos sombrios no "mundo de baixo", assim como Perséfone. Sem aceitarmos essse ciclos de morte e renascimento não conseguimos seguir na vida, amadurecendo e cumprindo nosso destino de sermos cada vez mais nós mesmas em nossa essência.

Sekhmet

A guardiã dos limites

tradição egípcia

Seu mito

Sekhmet, que significa poderosa, é uma das mais antigas divindades egípcias, conhecida como Senhora do Lugar do Começo do Tempo e Deusa da Ordem Divina. Tem a cabeça de leoa – símbolo de força e poder de destruição de inimigos – e o corpo de mulher. Traz no alto da cabeça o disco solar, tem a juba cheia de chamas e seu rosto brilha como o Sol.

É irmã da Deusa Bast, que tem a cabeça de gata e o corpo de mulher. As duas são divindades solares, mas diferentes: enquanto Bast incorpora a luz do Sol ao amanhecer, Sekhmet está ligada ao Sol no auge do seu brilho e calor, o Sol escaldante, que pode ser destruidor.

Sekhmet é a feroz guardiã do Deserto Ocidental do Egito: o vento quente que vem do deserto é a sua respiração; quando ela o varre com sua cauda, ele fica envolto em poeira.

Foi adorada em Luxor, mas o centro de seu culto era Mênfis, a capital administrativa do Egito. Por volta de 3000 a.C. foi adotada pelos faraós como símbolo do invencível heroísmo nas batalhas. Suas estátuas costumavam ser enormes, numerosas e feitas de basalto escuro ou granito negro, ambas rochas derivadas de magma de vulcão solidificado.

Conta o mito que Rá, o Deus-Sol, assumiu a forma de um homem e se tornou o primeiro faraó. Regeu o Egito por milhares de anos, assegurando fartas colheitas e grande prosperidade ao povo. Mas, com o passar dos tempos, Rá envelheceu e os humanos começaram a não respeitá-lo mais e a escarnecer dele. Também não honravam mais os outros deuses, e os sacerdotes conspiravam para roubar seus poderes e destruí-los. Irado, Rá resolveu se reunir com todos os deuses para decidirem como tratar essa insolência, essa audácia da humanidade.

Juntos decidiram que Rá usaria seu olhar poderoso e terrível sobre os humanos, e ele assim o fez. De seu olhar feroz corporificou-se a poderosa Sekhmet. E ela, como uma leoa selvagem, perseguiu a humanidade, deliciando-se com a caça dos homens ingratos e arrogantes, saciando sua sede com todo o sangue que derramava. Quanto mais bebia sangue, mais sedenta de sangue se tornava. A carnificina foi tão grande e sua ferocidade tão intensa que os deuses, temendo que ela destruísse toda a humanidade, resolveram aplacar sua fúria. Rá ordenou que mensageiros fossem buscar uma pedra vermelha que existia na ilha Elefantina, que fica no rio Nilo. Com essa pedra se fazia uma droga poderosa que acalmava a mente. Quando os mensageiros voltaram, Rá pediu que misturassem a pedra com cerveja de cevada, enchessem 7 mil jarras com a bebida e a jogassem no campo por onde Sekhmet passava, encharcando o chão. Tendo a cerveja ficado vermelha, a Deusa achou que era sangue e a bebeu. Com isso se acalmou – inclusive dormiu – parou de matar os homens e a humanidade foi salva.

Rá, então, determinou que daí por diante se tornasse um costume ritual preparar cerveja vermelha para a Deusa em todas as festas do ano e que a preparação de tais bebidas fosse confiada às suas sacerdotisas.

Sekhmet não era cruel, nem má; seu caráter intolerante estava intimamente ligado à falta do espírito de lei e ordem nos homens – o que lhe causava uma fúria destrutiva e punitiva. É chamada também de A Única que Ama Maat – a Deusa egípcia da Ordem, da Justiça e da Verdade. Era, ao mesmo tempo, a preservadora da ordem e a Deusa da Guerra.

Ela não iniciava nem provocava conflitos, porém, quando a ordem divina estava em risco e os outros deuses a invocavam, ela respondia com selvageria sem hesitação, como uma leoa protegendo seus filhotes.

Por ser a Deusa do Sangue, além de presidir a guerra, era também patrona da medicina. Alguns sacerdotes-médicos reivindicavam o título de "Sacerdotes-de-Sekhmet, a Leoa" e exerciam sua arte só no recinto de seu templo em Mênfis.

O que Sekhmet pode nos ensinar

Sekhmet e seu mito nos falam sobre a necessidade primordial de definir, proteger e aceitar os limites. Saber lidar com limites é uma tarefa bem difícil, principalmente para nós, mulheres!

Estamos imersas há séculos numa cultura que "vende" que nossa principal e mais nobre missão na vida é estar a serviço/cuidar dos outros: filhos, maridos, pais, a relação conjugal, a harmonia da família, a casa e o que mais precisar de nossos cuidados. Depois, se sobrar algum tempo e energia, aí podemos cuidar de nós.

Com isso, dizer não às demandas alheias e levar em consideração e atender nossos desejos e necessidades nos faz sentir muito egoístas e culpadas. Aliás, sentir culpa é uma reação bem típica nossa, das mulheres, especialmente quando estamos pensando, dando atenção ou cuidando de nós mesmas. É como se estivéssemos roubando esse tempo, atenção ou cuidado de seus legítimos donos, os outros.

É a confusão gerada por confundirmos generosidade, amorosidade e afeto com nos anularmos; é achar que merecemos menos da nossa própria consideração do que os outros.

Precisamos aprender que temos todo o direito de cuidar de nós mesmas e, com exceção de quando temos filhos pequenos, de forma prioritária. No mínimo devemos colocar nossa necessidade de cuidar de nós mesmas no mesmo nível de importância que colocamos o cuidar dos outros. Precisamos aprender a pôr limites nas solicitações que os outros fazem a nós, temos que aprender a ser uma Sekhmet, uma guardiã de nós mesmas.

Há ainda outra questão: colocar limites implica, normalmente, em frustrar os outros. Dizer "não, basta, isso não vou fazer, não te dou o direito, primeiro vou atender a mim, não aceito mais esse comporta-

mento" e coisas parecidas costuma não agradar nem um pouco quem tem expectativas de que sejamos cordatas e façamos o que esperam da gente. Para impor limites, precisamos abdicar da necessidade de sermos queridas, agradáveis e admiradas por todos, o tempo todo. Devemos renunciar ao desejo de sermos vistas como "boas meninas, boas moças" e nos assumirmos como pessoas adultas, capazes de fazer escolhas próprias, mesmo que elas desagradem aos outros.

Por outro lado, essa visão da nossa cultura atual de que nascemos com o direito de sermos felizes o tempo todo e sem nenhum esforço, que a vida nos deve recompensas e que tudo o que quisermos temos o direito de ter e vamos conseguir, reflete também esse não saber lidar com limites. O limite do humano, que nos diz que não somos donos da vida e que ela não nos obedece. E que não somos donos dos outros e que eles não estão na vida para nos servir e nos agradar. E que temos limites pessoais que devemos aceitar, mesmo porque não nos resta outra saída.

Hoje, com frequência caímos no perigo da Hybris, um conceito grego que pode ser traduzido como descomedimento, sentir-se onipotente como um Deus. É achar que o que queremos é uma "ordem ao universo" para que ele obedeça aos nossos desejos. Rá e Sekhmet, metáforas para a vida, punem de forma exemplar, com fortes decepções e frustrações, quem tem esse comportamento infantilizado e arrogante.

Aceitar a realidade humana com suas limitações faz parte do processo de aprender a lidar com a vida de forma adulta.

E mais um aspecto dessa difícil lição sobre os limites é aprender a ampliá-los quando for possível. Às vezes os limites são temporários e o tempo e a vida, em sua eterna mudança, se encarregam de retirá-los. Outras vezes, aquilo que vemos como limites intransponíveis são "cercas ou grades" que colocamos para nós mesmas, por medo ou comodismo.

Ter sabedoria é, antes de tudo, discernir entre limites reais e definitivos e limites temporários e/ou autoimpostos, o que não é nada fácil. É preciso estar muito atento, ter persistência, muita honestidade conosco mesmas, muita coragem de nos encararmos e uma boa dose de autoconhecimento.

Distinguindo-os, é preciso aceitar os limites que não podemos mudar e ir à luta para estender aqueles que conseguirmos alterar, ampliando dessa forma nossa vida e a nós mesmas. Esse é um processo dinâmico e dura a vida toda!

Tara
As virtudes perdidas

tradição indiana e tibetana/budista

Seu mito

Tara é conhecida no budismo como a Mãe de Todos os Budas, a Grande Deusa Bondosa, a Que Protege de Todos os Medos, e também como a Senhora dos Barcos, aquela que salva os náufragos do oceano do samsara (ciclo do eterno nascimento-morte-renascimento) para a outra margem, o nirvana (iluminação/libertação da roda do samsara).

Tara surgiu na Índia, mas é no Tibete que assumiu grande importância, sendo a divindade nacional do país, a Grande Mãe da Compaixão, o aspecto feminino de Buda. A origem do culto a Tara é descrita pelo lama tibetano Taranatha (1575–1634), escritor e historiador medieval, em seu livro de 1608 *O rosário de ouro – A origem do tantra de Tara.*

Ele conta que, em uma época muito antiga, um "eon" – o tempo entre o aparecimento e o desaparecimento de um universo –, havia uma princesa chamada Lua de Sabedoria, que era discípula do Buda Nga-Dra. Por dez milhões e cem mil anos, ela realizou oferendas a esse iluminado e por essa devoção atingiu as mais altas realizações espirituais.

Foi dito a ela que, como recompensa por sua prática, ela ia renascer como homem, pois era mais benéfico do que nascer mulher. Mas a princesa não aceitou, declarando que já havia muitos iluminados sob a forma masculina, que voltaria sempre na forma feminina em todas as suas encarnações e que continuaria a libertar os seres da ignorância e do sofrimento até o final dos tempos.

Em outro mito, conta-se que Avalokiteshavara, o Buda da Compaixão, em profundo pesar pelos sofrimentos do seres no samsara, derramou infindáveis lágrimas, que formaram um lago. De lá emergiu uma flor de lótus. Quando a flor se abriu, Tara saiu de dentro dela, prometendo ao Buda aliviar o sofrimento de todos os seres sencientes (todos os seres que têm a capacidade de sofrer e de sentir prazer e felicidade).

Tara é dona de um ouvir atento, gentil, amoroso, compassivo: ouve todos os que sofrem. É conhecida por ajudar aqueles que a chamam em tempos tumultuados, auxiliando-os a seguir por um caminho mais claro, a fim de que encontrem o silêncio e a força interiores. Nos momentos em que nos sentimos frágeis e vulneráveis, é a Tara que devemos recorrer.

Seu mudra (gesto simbólico sagrado feito com as mãos) da mão direita é o de "dar-oferecer", indicando sua habilidade para oferecer a todos os seres aquilo de que necessitam, enquanto a mão esquerda, na altura de seu coração, faz o mudra de "oferecer refúgio" – refúgio, no budismo, significa proteção.

No budismo tibetano há 21 formas diferentes de Tara ou 21 emanações de Tara. Na China, ela é identificada com Kuan Yin e, no Japão, com Kwannon.

Um de seus mantras é **Om Tare Tuttare Ture Soha**, que quer dizer: Om = as imensuráveis qualidades dos corpos, da fala e das mentes dos seres iluminados / Tare = Aquela que liberta / Tuttare = a que elimina todos os medos / Ture = a que concede todo o sucesso / Soha = possam as bênçãos de Tara se enraizar em nossos corações.

Tara é uma grande bodhisattva, ou seja, um ser que, movido por grande compaixão, gerou bodhicitta, que é o desejo autêntico de atingir o mesmo status de Buda para o benefício de todos os seres sencientes e que, mesmo iluminado e liberto da roda do samsara, volta a ela e renasce para ajudar todos os seres a também atingirem o estado de iluminação.

O que Tara pode nos ensinar

Ao longo de séculos de submissão a que nós, mulheres, fomos sujeitas, e por nos ser imposto que o modelo de mulher ideal é um ser cheio de doçura, bondade, meiguice e que cuida dos outros, acabamos frequentemente associando essas virtudes a fraqueza e vendo-as como atitudes indesejáveis e contraproducentes a nossa liberdade e autonomia.

Além disso, estamos vivendo tempos duros, áridos, de uma competitividade quase predatória, tempos de "salve-se quem puder", o que reforça mais ainda o repúdio a essas atitudes. Com frequência, pessoas que as demonstram são consideradas frágeis, excessivamente suscetíveis, até tolas, sendo às vezes ridicularizadas ou menosprezadas por isso.

No entanto, doçura, cuidado com os outros, bondade, meiguice e também gentileza, delicadeza, ternura, amabilidade, empatia e compaixão são sentimentos/atitudes que tornam a vida boa de ser vivida, fazem do mundo um lugar mais suportável e permitem o exercício da esperança no ser humano. Não são fragilidades, são virtudes nobres!

Sem elas nos sentimos animais indefesos numa selva hostil. Hoje muitas pessoas se sentem perdidas, desamparadas, profundamente solitárias, mesmo que cercadas de gente. Esse ambiente agressivo que nos rodeia produz uma quantidade alarmante de estresse e depressão.

Estamos precisando desesperadamente de Tara e de suas lições. Precisamos com urgência criar um espaço no qual o humano, em seu sentido pleno, seja respeitado e honrado; no qual nos sintamos mais acolhidos e possamos, como Tara, "oferecer refúgio" uns aos outros.

Cada uma de nós, dentro de nosso âmbito de atuação, podemos criar esses espaços e ajudar a transformar o mundo em um lugar melhor de se viver. E não é fraqueza, nem volta a um estado de submissão, a um modelo machista de ser mulher, muito pelo contrário: é uma forma de revolucionar o mundo!

Para fazer isso, precisamos cultivar "nossa Tara interna" e mudar nossa visão. É necessário observar com clareza e reconhecer essas virtudes como virtudes, e não como vulnerabilidades: isso é essencial para começar!

Depois, temos de reconhecer que, se precisarmos abrir mão dessas virtudes totalmente para termos sucesso em nosso caminho, com certeza esse não é um caminho que tem alma.

E também temos que saber que não vamos perder nossas conquistas de independência e autonomia porque somos gentis, bondosas ou porque temos compaixão. Uma coisa não tem que ver com a outra. Não podemos ser ingênuas, mas não podemos embrutecer. Se temos de embrutecer para conseguir algo não somos livres. É possível ser aguerrida, lutadora, batalhar pelo que se quer, sem "jamais perder a ternura".

Não são os fracos, mas os corajosos que não têm medo de viver e demonstrar esses sentimentos.

Com Tara também podemos aprender o prazer de dar, de oferecer doçura, cuidado amoroso, delicadeza, amabilidade, empatia, e não só querer recebê-los. Oferecê-los também a nós mesmas, aprendermos a nos tratar com mais gentileza, bondade e compaixão. Quantas vezes não somos nossos piores algozes?

A gentileza, a delicadeza e a amabilidade são capazes de enternecer nossos corações se o abrirmos. Receber atos dessa natureza podem nos fazer voltar a crer no ser humano!

A bondade e a empatia nos tiram da sensação de estar vivendo num mundo indiferente e mitigam nossa solidão.

A compaixão nos faz ver a todos como irmãos, filhos da mesma Terra, e que cuidarmos melhor uns dos outros e da nossa nave-Mãe é a nossa única salvação!

Om Tare Tuttare Ture Soha!

Uzume

Riso que cura

tradição japonesa/xintoísta

Seu mito

Os deuses celestiais xintoístas Izanagi e Izanami – criadores do arquipélago japonês, de todos os deuses e de todos os seres vivos da Terra – tinham dois filhos: Amaterasu, a Deusa do Sol, e Susanoo, o Deus do Oceano e das Tempestades.

Amaterasu também era conhecida como a Celeste Iluminada ou A Grande Mulher Que Possui O Meio-Dia. Ela vivia na Planície do Alto Céu, de onde saía todos os dias de manhã para iluminar a Terra. Era sua guardiã e também dos campos de arroz. Presidia ainda a tecelagem feminina, que acontecia na sala de tecelagem do Céu.

Já seu irmão caçula, Susanoo, era conhecido como o Varão Impetuoso, por ser irascível, cruel e destruidor.

Devido a esse mau temperamento e a suas constantes más ações, Izanagi e Izanami, zangados com o filho, resolveram enviá-lo para a Terra de Yomi, a região dos mortos. Susanoo aparentemente aceitou o exílio, mas antes pediu aos pais autorização para visitar a irmã mais velha. O pedido foi concedido.

Amaterasu ficou muito desconfiada das intenções do irmão, mas resolveu recebê-lo.

Ela tinha no Céu um grande número de excelentes campos de arroz, dos quais se sentia muito orgulhosa, juntamente com sua manada de potros malhados.

Apesar de dizer que só queria se despedir da irmã e que tinha se regenerado, ao chegar ao Céu, Susanoo teve um acesso de fúria e destruiu todos os campos de arroz. Não satisfeito, matou um potro celestial e jogou o seu cadáver sobre os teares das sacerdotisas tecelãs. Assustadas, elas saíram correndo em disparada e acabaram se atropelando. Uma delas morreu, perfurada por sua própria lançadeira.

Extremamente ressentida e zangada, Amaterasu decidiu abandonar o Reino do Céu. Juntou suas vestes resplandecentes, escondeu-se em uma caverna profunda, lacrou sua entrada com uma rocha muito pesada e passou a viver em total reclusão.

Com isso, privou o mundo de seu calor e de sua luz. A escuridão imperou. A alternância entre o dia e a noite passou a não existir mais e o mundo só conhecia as trevas. Tudo congelou e os campos murcharam. O pânico foi semeado desde a Terra até o Céu, onde viviam os Deuses e Deusas que, como os humanos, também não enxergavam mais nada.

Oitocentas divindades se juntaram à beira da caverna para tentar convencer Amaterasu a sair de lá, mas foi em vão, nada conseguiram! Ela parecia totalmente surda a qualquer apelo.

Foi então que surgiu Uzume, a Deusa do Riso, da Alegria, da Dança e da Folia. Ela pegou um barril, virou-o de ponta-cabeça, subiu nele e começou a dançar de maneira provocante. O ritmo foi aumentando conforme seus pés tamborilavam e ela ainda resolveu colocar os seios para fora. Também começou a contar piadas e a fazer caretas e, de repente, sem que ninguém esperasse, levantou o quimono e mostrou sua vulva.

Naquele momento as oitocentas divindades caíram em sonora gargalhada e passaram a bater palmas, a rir e a gritar. Fizeram tamanha algazarra que Amaterasu, curiosa, resolveu puxar um pouco a rocha que fechava a caverna, entreabrindo seu esconderijo para espiar de onde vinha todo aquele alarido.

Viu então sua luz refletida em um grande espelho que os deuses haviam colocado em frente à entrada da caverna. Encantada com o próprio reflexo, foi lentamente saindo do esconderijo. Daí, vários deuses saltaram e empurraram a rocha com muita força para fechar definitivamente a entrada da caverna, evitando que ela voltasse a se esconder.

A luz e o calor de Amaterasu, a Deusa do Sol, voltaram à Terra, o padrão de dia e noite retornou e a terra tornou-se fértil de novo.

Uzume, com sua alegria, seu riso, sua irreverência e sua folia, ajudou a salvar a humanidade!

O mito de retorno da luz e da vida ao mundo era celebrado anualmente no Japão, em um rito xintoísta no qual a *kagura* (dança) de Uzume que provocava boas risadas era realizada nos templos.

O que Uzume pode nos ensinar

Uzume pode ser o antídoto perfeito para duas atitudes emocionais que, se duradouras, são das mais nefastas, pois tornam a vida um sofrimento eterno: a amargura e a pena de si mesma. As duas costumam "caminhar juntas"! E, pior, elas são autofágicas, se alimentam de si mesma, ou seja, quanto mais amargura e/ou pena de nós sentimos mais amargura e/ou pena de nós vamos sentir.

Obviamente as duas atitudes acometem tanto mulheres como homens, mas são muito mais comuns em mulheres. Ao que parece, isso acontece devido à frustração da mulher diante da falta de liberdade que sempre marcou sua trajetória. Não é nada incomum termos mães com essas características e muitas vezes fica difícil não entrar nessa também.

Pensando de forma metafórica, quem não enfrentou um, uma ou vários Susanoo, que pisam, destroem, estragam coisas que nos são caras? Perdas, decepções e frustrações fazem parte da vida de todas, não existe vida em que não acontecem coisas ruins, tristes, às vezes até trágicas. Todas passamos, em algum momento, por tempos de profunda tristeza, em que precisamos nos recolher para curar nossas feridas. Eles são inevitáveis e devem ser vividos para que o acontecimento seja "digerido" , para que a gente aprenda o que tiver de aprender – tudo na vida ensina, se quisermos – e amadureça.

O grande problema é escolher não sair disso, fazer como Amaterasu e se trancar por dentro em uma caverna, a da amargura e/ou da pena de si mesma. Com isso, tudo à nossa volta perde a luz e o calor. Nessa escuridão, tendemos a não ver nada além da própria escuridão: não vemos os outros, não vemos a vida que está passando e o mundo fica "girando ao redor do nosso umbigo cheio de dor".

Nesse momento precisamos da nossa Uzume interna, para que ela nos leve a sair desse "buraco" escuro em que entramos e nos faça olhar para fora, ter uma nova perspectiva.

Não é fácil, é preciso coragem, porque no fim das contas existe um conforto em sermos amargas ou vítimas. Essas atitudes justificam para os outros e, acima de tudo, para nós mesmas a nossa inação. Primeiro é preciso admitir que fomos nós que nos pusemos nessa caverna e que só nós podemos sair dela.

Temos que aceitar que nosso controle sobre a nossa vida é limitado e que a vida não está contra nós ou a nosso favor, não somos suas vítimas. É somente a vida, e as coisas acontecem sem que o que pensamos ou queremos seja levado em conta. Cabe a nós responder aquilo que ela nos traz, e nisso podemos escolher ser felizes ou infelizes.

Se escolhermos a via da amargura ou da pena de nós mesmas, tudo o que acontecer vai cair nesse buraco e teremos esse olhar pessimista para seja lá o que for.

Se, ao contrário, escolhermos a via do riso, da irreverência, do bom humor, como Uzume, isso não nos livrará da tristeza, mas não a habitaremos em definitivo.

A postura de buscar a alegria de viver – o que não significa nos tornarmos donas de óculos cor-de-rosa eternos, que só nos fazem ingênuas e tolas – pode ser um dos agentes mais transformadores e curativos que existem, além de ter um componente contagiante tão ou mais forte que a amargura e o pessimismo. Assim como podemos trazer ao nosso redor escuridão e frio, podemos trazer luz e calor.

Saber rir de nós mesmas, sem ter vergonha, sem nos sentirmos diminuídas e mantendo a autoestima, é um dos grandes sinais de maturidade emocional. É não se levar tão a sério, enxergar e aceitar a vida, mesmo quando difícil, com mais serenidade. É saber que somos poeira de estrelas quando pensamos em nosso tamanho diante do universo e nos sabemos poeira; e que somos estrelas, quando reconhecemos a nossa importância como indivíduos.

Yebá Beló

A imaginação criadora

tradição indígena brasileira/etnia dessana

Seu mito

No princípio de tudo o mundo não existia, só havia as trevas. De repente, de si mesma, brotou uma mulher.

Ela se fez a partir de seis coisas invisíveis: bancos de madeira, suportes de panela, cuias, cuias de ipadu (folhas de coca), pés de maniva (mandioca) e cigarros. Aconteceram coisas muito mágicas para que ela pudesse criar a si mesma, mas essas não se sabe, são puro mistério! Ela se chamou de A Não Criada, ou de Yebá Beló, a avó do universo.

Ela já brotou dentro de sua morada de cristal de quartzo branco e de lá começou a matutar como deveria ser o futuro do mundo. Enquanto isso, mascava ervas mágicas e fumava seu cigarro. Foi então que seu pensamento começou a tomar a forma de uma esfera e essa esfera começou a elevar-se até atingir o alto de uma torre (que também era fruto do seu pensamento). Ao subir, a esfera incorporou dentro dela toda a escuridão. Só na morada de quartzo de Yebá Beló, que parecia uma grande maloca, havia luz. E ela chamou sua morada de Sua Barriga, o Universo. Ela era guardada por um morcego de asas enormes que vivia no alto da torre.

Yebá Beló quis então povoar sua casa. Mascou mais ervas e fumou mais do seu tabaco invisível. Tirou as ervas da boca e com elas e sua saliva criou os Homens da Pedra Branca, que chamou de os cinco Seres Trovão. Eles eram imortais. Ela assim os saudou: "Olá, irmãos", e eles responderam: "Olá, Avó do Universo e de tudo que existe!". Eles habitaram espaços de sua grande casa: o primeiro trovão ficou no sul, o segundo no leste, o terceiro no alto, o quarto no oeste e o quinto no norte.

Yebá Beló pediu aos cinco que criassem tudo o mais. Mas os trovões só fizeram os rios, não conseguiram fazer a luz nem a Terra.

Assim, Yebá Beló resolveu fazer outro ser. Mascou ipadu, fumou cigarro e criou um ser de fumaça, *Yebá Ngoamãn*, seu bisneto. Ela lhe deu um bastão-chocalho com sementes masculinas e femininas e o elevou até a torre do grande morcego. Na torre, o bastão assumiu um rosto humano, que virou o Sol. Yebá Beló soltou o Sol para iluminar o mundo.

Depois tirou do seio esquerdo sementes de tabaco e as espalhou sobre esteiras para formar a terra. Tirou leite do seio direito e espalhou em cima, para adubá-la.

Em seguida, enviou seu bisneto *Yebá Ngoamãn* para a casa do terceiro trovão. Lá chegando, ao abrir a porta, apareceu *Ëmëko mahsãn Boléka*, o chefe dos dessanas, que se tornou irmão dele.

O terceiro trovão sentou com eles, estendeu a esteira, apertou a barriga e de sua boca saltaram diversas riquezas. Eram enfeites. Cada par de enfeites representava um homem e uma mulher. O trovão ensinou o rito para transformá-los em seres humanos. No mesmo instante as riquezas se transformaram em gente; deram uma volta na casa e voltaram a se transformar em riquezas, que futuramente viriam a constituir a humanidade. As primeiras mulheres que nasceram tinham um delicioso cheiro de abacaxi.

Assim, de Yebá Beló, a mulher que brotou de si mesma, criou-se o mundo!

O que Yebá Beló pode nos ensinar

Com esse lindo, surreal e poético mito de criação, Yebá Beló, uma divindade indígena brasileira, vem nos mostrar a força que pode haver quando as rédeas são soltas e é liberada a imaginação para criar o que quer que seja.

A imaginação é uma capacidade humana tão incrível quanto a racionalidade, mas, infelizmente, muito menos valorizada. É ela que nos permite conceber coisas que não se situam no presente e que ainda não têm existência objetiva, bem como conceber coisas que nos transcendem. É dela que derivam a arte, a mitologia, o pensamento religioso.

A imaginação quer viver solta, voando de dentro da gente em suas asas para criar.

Contudo, para soltá-la de verdade são necessárias atitudes que parecem simples, mas são difíceis de conseguir, porque vão contra tudo o que se prega como adequado em nossa cultura.

É preciso esquecer o que se sabe, o que se considera verdadeiro, possível, fácil. Esse caminho não leva ao novo e limita, com as "cercas" do conhecido, algo que não deve ser limitado, que é o imaginar. É preciso entrar em território desconhecido sem referências anteriores.

É necessário suspender todo juízo crítico e ser como um xamã, que não se recusa a abrir mão da racionalidade para adentrar no mundo do mistério.

Não temer a maluquice, a loucura, o nonsense, não ter medo de sonhar o impossível e de pensar o impensável.

Esse não é o momento de se usar a razão, o bom senso, a praticidade, é o momento de voar, ousando ir sem receio ou restrições onde a imaginação levar.

É a partir desse território que nascem coisas singulares e belas como mulheres com cheiro de abacaxi!

Imaginar também cria opções para mudar a forma de viver. Muitas vezes levamos uma vida que nos desagrada, nos entedia, nos limita, mas não vemos alternativa. E meio que a gente se conforma. Por que não soltar a imaginação e pensar "esferas, seres trovão, asas de morcego" como a Avó do Universo e começar a criar uma nova vida para nós, mais plena de alma?

Ou por que não imaginar novas formas de sermos nós mesmas, mais autênticas, mais interessantes e amplas? A imaginação pode nos levar muito além!

Mas imaginar não é passar a vida em devaneios e fantasias. O devaneio não tem compromisso com a vida real, acontece só dentro da gente, e não muda, nem cria nada. Não deixa de ser uma distração, uma fuga, um simulacro do viver. Isso é muito importante de ser frisado, porque muitas de nós, mulheres, tendemos a gastar um tempo enorme e muita energia psíquica vivendo em devaneios, fantasiando a vida. Isso é um tremendo desperdício.

Seja uma obra artística – um livro, um quadro, uma música –, seja uma horta, um jardim, uma colcha, um suéter, uma mudança pessoal, uma vida diferente, imaginar é essencial, mas é só o primeiro passo para criar qualquer coisa nova. Depois é preciso aportar no real. Afinal, Yebá Beló não imaginou somente, ela criou o mundo!

III. Aprendendo com a Lua: a Deusa Tríplice

Um dos mais antigos e duradouros símbolos ligados à mulher e ao Feminino é o simbolismo da Lua. Desde tempos imemoriais, o Sol – com sua constância diária e sua luz direta – foi associado ao Homem, e a Lua – com suas mudanças diárias, seu ciclo mensal e sua luz sutil e indireta – com a Mulher. Para os homens primitivos, a Lua também ficava grávida como as fêmeas, quando surgia como Lua cheia. E também, como elas, paria quando minguava. Alguns povos muito antigos, por desconhecerem o papel masculino na procriação, acreditavam que era a Lua que fazia com que as mulheres ficassem grávidas.

A Lua trouxe também a primeira associação dos humanos com o Tempo: foi através da observação de seu ciclo mensal que o primeiro calendário foi estabelecido; o calendário anual foi muito posterior. Foi também na observação dos ciclos lunares que nasceu a agricultura.

A Lua sempre teve uma ligação muito estreita e misteriosa com as mulheres. Nós e ela temos ciclos bem estabelecidos e de mesma duração – 28 dias divididos nas quatro fases da Lua e 28 dias para o ciclo menstrual padrão. Uma gravidez tem a duração aproximada de 280 dias: 40 semanas de 7 dias, ou 10 meses lunares de 28 dias. Não sabemos o porquê e não há pesquisas científicas sobre isso, mas é muito comum que as mulheres entrem em trabalho de parto nas mudanças de fase da Lua. E assim como a Lua é diferente a cada dia de seu ciclo de 28 dias, nós, mulheres, em nosso período fértil da vida também o somos.

Parece que a Lua e nós temos naturezas semelhantes, mas essa nossa vida tão urbana mal nos deixa ver o céu noturno, o que nos faz esquecer dessa ligação. Ao buscarmos uma nova identidade, repensar a conexão entre o Feminino e a Lua pode ser muito esclarecedor.

Essa reconexão pode se dar a partir de uma reflexão sobre a Deusa Tríplice. Muitas e diferentes tradições têm uma Deusa como essa, cuja mitologia está intimamente ligada à mitologia da Lua. A Deusa Tríplice tem três faces, que também representam as quatro fases da Lua. A Donzela ou a Virgem correspondem à Lua Crescente; a Mãe corresponde à Lua Cheia; e a Velha está relacionada com as Luas Minguante e Nova (também chamada de Lua Negra).

Não se trata de três Deusas distintas, mas sim dos três aspectos diferentes e complementares da Deusa. Ao mesmo tempo, são três e uma: metaforizam o tempo de vida de uma mulher e o ciclo lunar.

A Donzela ou Virgem/Lua Crescente é a primavera da vida, quando ainda somos mais possibilidades do que realização. O leque de oportunidades é amplo e o maior foco está no descobrir, no aprender e no experimentar. Ainda não temos muito repertório, estamos apenas começando a fazer alma. Então, quanto menos preconceitos, menos crenças rígidas, menos medo de desagradar os outros, menos apego às convenções, mais coragem de ir em busca de descobrir e de legitimar quem somos de forma mais autêntica, maiores serão as conquistas dessa fase.

Já como Mãe/Lua Cheia, outra fase da vida, precisamos estreitar esse leque de possibilidades e transformá-las em realizações. Já estamos "parindo", criando, cuidando: de filhos, família, projetos, vocação, obras etc. Precisamos nos refinar, aprofundar, lapidar, amadurecer. E nutrir nossa alma para que ela se fortaleça e se expanda. Quanto mais comprometidas estivermos em nos tornar plenamente nós mesmas mais estaremos cumprindo as demandas dessa fase. Comumente é a fase que mais dura em nossa vida.

Como Velha/Lua Minguante e Nova, entramos na última fase, que é a culminância das duas primeiras, o tempo de colher o que plantamos e ao mesmo tempo espalhar novas sementes. É tempo de buscar mais e ao mesmo tempo ofertar sabedoria, se nossa alma já está no caminho da plenitude!

A Deusa Tríplice vem nos ensinar que nossa vida também acontece no Tempo e em fases. Todas somos ou fomos a Donzela, todas somos, fomos ou seremos a Mãe e todas somos ou seremos a Velha. Não dá para querer ser uma sendo outra. Todas as fases têm seus desafios, suas dificuldades e seus encantos!

Se conseguirmos preservar a curiosidade que a Donzela tem pela vida, a criatividade da Mãe e a generosidade serena da Velha, conseguiremos nos tornar uma Velha Sábia, o que pode ser uma meta e tanto a ser sonhada por uma mulher!

O honrar a Deusa Tríplice, porém, parece ser algo muito distante da busca insana de nossa cultura, que impõe às mulheres a necessidade de parecerem jovens o maior tempo possível, não importa a que custo. Parece que só assim temos algum valor no mercado da conquista. Isso está tão distante das faces da Deusa Tríplice quanto Mercúrio está de Plutão! A visão da Deusa é aquela que traz esse Feminino novo, revitalizado, cujo valor está em si mesmo. E isso se contrapõe à visão do patriarcado, na qual o feminino só tem valor se for legitimado por um homem.

Indo ainda mais longe, a visão da Deusa Tríplice como metáfora do amadurecimento feminino, para a analista junguiana canadense Marion Woodman, é baseada na inversão das fases e é ainda mais profunda. Ela afirma que, para uma mulher se tornar madura – uma mulher de fato e não uma menina –, é preciso primeiro que se torne Mãe-de-Si, deixando de querer que alguém cuide dela o tempo todo. É perdoar a mãe real pelos erros e falhas que qualquer mulher que se torna mãe comete, não buscar um homem que a trate como filha e assumir total responsabilidade por suas escolhas e pela própria vida, cuidando de si. Passa então a ser Virgem, a Uma-em-Si, a que age como age, sempre em função de sua verdade interna, e nunca para agradar ou ser amada. Depois de chegar a essa fase, pode entrar no processo de se tornar uma Velha Sábia; de novo, a mesma e sensacional meta a ser buscada!

Que o mundo se povoe de Velhas Sábias dispostas a mudar essa cultura patriarcal tão desgastada, em prol de uma cultura com mais Alma. A Lua, brilhando majestosa no céu, há de iluminá-las e abençoá-las!

IV. O Sagrado no cotidiano

Ao buscarmos essa nova identidade mais ampla do ser mulher, fora dos estreitos limites ditados pelo patriarcado, é primordial incluir a dimensão sagrada da vida.

Acredito que são muito diferentes os modos como o Feminino e o Masculino se aproximam dessa dimensão. Gostaria de deixar claro que agora estou falando de feminino e masculino, e não das mulheres e dos homens, pois um homem pode agir de forma feminina e vice-versa. Essa forma feminina insere o Sagrado no cotidiano, trazendo Alma ao mundo e abrandando essa cultura árida.

Para a forma masculina de ver, o Sagrado é sempre transcendente, está longe e acima do humano, e dele devemos nos aproximar com muito respeito e reverência. A busca é da religação com o Divino. E para isso se erguem catedrais, sinagogas, mesquitas... e se instituem as religiões.

Já a forma feminina vê o Divino muito mais próximo e ao mesmo tempo mais disperso, mais multifacetado e cotidiano. O Sagrado é mais uma experiência pessoal, a sensação de pertencer a algo maior, de estar imersa em um Mistério que pode nos trazer espanto, reverência e êxtase, mesmo que não tenhamos linguagem para defini-lo. Ele se manifesta e se revela em muitos lugares!

Podemos senti-lo nas múltiplas Deusas e na conexão sutil que podemos ter com elas. Cada uma nos traz uma dimensão do Sagrado: Afrodite e Uzume: o amor à vida; Ártemis: a sacralidade da Natureza; Athená e Yebá Beló: a Sabedoria Maior; Icamiabás: o círculo sagrado; Hécate: a intuição como sopro do Sagrado; Iemanjá: a manifestação da Grande Mãe; Oxum: nossas sagradas águas internas; Perséfone: os ciclos da vida; Sekhmet e Kali: a ira sagrada; Nanã e a Mulher Búfalo Branco: a sacralidade da Mãe-Terra; a Mulher Pensadora: a teia da vida; Héstia: nossa chama interna; Iansã: a intenção sagrada; Nu Wa: a transcendência dos opostos; Inana e Ereshkigal: o Feminino Profundo e Tara: a Compaixão com c maiúsculo. Cada uma delas está, ao mesmo tempo, acima de nós, ao nosso lado e dentro de nós: são as nossas Mães Divinas.

Além das Deusas, a dimensão sagrada também está na natureza e sempre à nossa disposição!

A gente a encontra em um grande gato peludo que se enrosca em nossas pernas a nos acariciar, em um cachorro que serenamente dorme a nossos pés, em um beija-flor que visita e embeleza nosso jardim, no perfume de lírios que exala do vaso da sala ao entardecer, em uma paineira que floresce soberba no cinza da cidade grande, no pequeno brotinho que insiste em surgir de uma planta que julgávamos morta, na tempestade que, majestosa, torna o dia noite, no nascer de uma enorme Lua cheia vista da janela do apartamento ou de um escandaloso pôr do Sol em uma praia quase deserta!

Se nossa alma está presente, a conexão com o Sagrado se estabelece!

O Divino, o Mistério, também pode ser "tocado" nos sonhos, nos encontros sincrônicos, nos oráculos, nas intuições que de forma sutil nos encaminham para a jornada que tem que ver com nossa alma. É um sonho que, de forma metafórica, mas muito clara, nos traz um *insight* sobre nós e o momento que estamos vivendo. É um livro que nem sabíamos existir, mas cuja leitura muda nossa vida. É uma pequena aranha que, de forma inesperada, cai pendurada do fio de sua teia, na mesa em que duas amigas falam sobre a força e a importância da teia feminina, como a concordar com a conversa! É o sábio conselho dado pelo Tarô, pelo I-Ching ou por um mapa astral em um momento em que só o que existe são dúvidas. É aquela intuição que não sabemos de onde vem, mas que surge com tal senso de verdade que mudamos a rota de nossa vida. É aquela epifania que, mesmo que por um curto lampejo, nos diz que "está tudo certo".

É como se fôssemos guiadas por algo que nos sabe mais do que nós mesmas e que nos leva para o caminho que devemos trilhar.

O Divino, o Sagrado, também é encontrado pelo Feminino nas relações. No sentimento de amor real e profundo, sem ilusão ou falso romantismo, que surge quando olhamos e reconhecemos com ternura nosso companheiro ou companheira de vida. No encontro com o profundo mistério da vida, quando, de repente, se contempla um filho dormindo ou quando se vive o nascimento de um neto. No encontro com o profundo mistério da morte, quando damos adeus a alguém muito querido que se despede da vida.

No abraço de uma amiga ou de um amigo que nos acolhe e nos faz sentir que não estamos sós nesse mundo. No sentimento de compaixão por Nós e pelo Outro, pelo nosso humano, demasiadamente humano!

Para a forma Feminina de experimentar o mundo, o Divino, o Mistério, o Sagrado não está lá longe, num céu, num livro ou num templo. Está no aqui e agora.

É no cotidiano que a dimensão sagrada se manifesta desde que tenhamos a atitude religiosa – mesmo que sem religião –, não só de *religare*, fazer a religação com o transcendente, mas de *religere*, que literalmente significa reler e reescolher, mantendo sempre a atenção cuidadosa e reverente aos sinais da Vida.

V. Algumas palavras finais

Agora que você chegou ao final do livro, pode estar se perguntando: *"Cruzes, tantas lições, tantas facetas para se pensar, quantas reflexões, tantas mudanças: será que essa autora não está um tanto maluca, querendo que cheguemos à santidade ou à perfeição?"*.

Longe de mim essa intenção: acho que perfeição é coisa de máquina, e não de gente, e prefiro, de dez a zero, a humanidade à santidade.

São tantos aspectos porque somos multifacetadas, ser mulher é ser múltipla, e cada Deusa pode nos ajudar a repensar uma de nossas facetas.

Aliás, você, leitora (ou leitor), pode reler os mitos e acrescentar interpretações suas, dessa forma ampliando as lições das Deusas e enriquecendo seus símbolos, fazendo com que permaneçam vivos, significativos e transformadores.

Precisamos juntas criar o espaço para o Feminino que queremos instalar no mundo. A mudança necessária é grande e precisamos começar agora, mas sem ansiedade nem rigidez, e sim de forma amorosa e gentil.

Assim, essa nova identidade vai nascendo devagarinho em cada mulher que a busca. A mudança acontece no cotidiano, nos pequenos gestos, nas alterações dos velhos hábitos, nas respostas diferentes àquilo que sempre recebia as mesmas respostas. São as pequenas, mas constantes alterações de um velho caminho que permite o nascimento de um novo caminhar!

A mudança pode se dar também sempre que "duas almas se reúnem com apreço mútuo, sempre que duas ou mais mulheres falam de assuntos que importam de verdade", como diz Clarissa Pinkola Estés, em *A ciranda das mulheres sábias*.

Precisamos, cada uma e todas, forjar uma nova Alma Feminina que possa curar a nós mesmas e a essa cultura tão doente em que vivemos. A alma se torna Alma nos embates que vivemos e no aprendizado que isso traz: fazer Alma é trabalho de toda uma vida!

As Deusas são nossas professoras, mas não são mestras rígidas e severas, são mais como "lanternas luminosas a balançar na escuridão", a nos ajudar a enxergar melhor o caminho rumo a esse novo ser humano feminino.

Eu gostaria de terminar este livro com a fala de uma Velha Sábia, a analista junguiana Jean Shinoda Bolen, em seu livro *O caminho de Avalon*:

> *Constantemente, tenho a impressão de que a vida vem e me diz: "Escolha!". Os pequenos e grandes momentos de verdade que determinam o que entra ou o que é excluído de um livro equivalem aos grandes e pequenos momentos de verdade que indicam as escolhas que fazemos na vida sobre o que queremos acrescentar ou excluir. Essas são as decisões que dão forma à nossa vida e que, em última instância, são jornadas da alma.*

NAMASTÊ: as Deusas que vivem em Mim saúdam as Deusas que vivem em Você!

São Paulo, março de 2014

Referências bibliográficas

ARANHA, Maria Amélia A. B. de Souza. **Lendas de amor do folclore indígena**. São Paulo: Martins Fontes, 1964.

ARMSTRONG, Karen. **Breve história do mito**. São Paulo: Companhia das Letras, 2005.

ASHLEY-FARRAND, Thomas. **Shakti:** os mantras da energia feminina. São Paulo: Pensamento, 2005.

BADINTER, Elisabeth. **Um é o outro.** Rio de Janeiro: Nova Fronteira, 1986.

BALIEIRO, Cristina; DEL PICCHIA, Beatriz. **Mulheres na jornada do herói:** pequeno guia de viagem. São Paulo: Ágora, 2012.

____________________. **O feminino e o sagrado:** mulheres na jornada do herói. São Paulo: Ágora, 2010.

BLOFELD, John. **A deusa da compaixão e do amor:** o culto místico de Kuan Yin. São Paulo: Ibrasa, 1994.

BOLEN, Jean Shinoda. **As deusas e a mulher madura:** arquétipos nas mulheres com mais de 50. São Paulo: Triom, 2005.

____________________. **As deusas e a mulher:** nova psicologia das mulheres. São Paulo: Paulus, 1990.

____________________. **O caminho de Avalon:** os mistérios femininos e a busca do Santo Graal. Rio de Janeiro: Rosa dos Tempos, 1996.

____________________. **O milionésimo círculo:** como transformar a nós mesmas e ao mundo. São Paulo: Triom, 2003.

BRANDÃO, Junito de Souza. **Mitologia Grega:** volumes I, II e III. Rio de Janeiro: Vozes, 1988.

CABRERA, Lydia. **Iemanjá e Oxum**. São Paulo: Edusp, 2004.

CAMPBELL, Joseph. **As máscaras de deus:** Mitologia oriental. São Paulo: Palas Athena, 2002.

____________________. **As máscaras de deus:** Mitologia primitiva. São Paulo: Palas Athena, 2003.

____________________. **Mito e transformação**. São Paulo: Ágora, 2008.

____________________. **O poder do mito**. São Paulo: Palas Athena, 1990.

CERIDWEN, Mavesper Cy. **Wicca Brasil:** guia de rituais das deusas brasileiras. São Paulo: Gaia, 2003.

CHATURVEDI, B. K.; MATHUR, Suresh Narain. **Deuses e deusas hindus:** sua hierarquia e outros assuntos sagrados. São Paulo: Madras, 2008.

CHEVALIER, Jean; GHEERBRANT, Alain. **Dicionário de símbolos**. Rio de Janeiro: José Olympio, 1988.

DOWING, Christine (org.). **Espelhos do self:** as imagens arquetípicas que moldam a sua vida. São Paulo: Cultrix, 1994.

ESPÍRITO SANTO, Maria Inez do. **Vasos sagrados:** mitos indígenas brasileiros e o encontro com o feminino. Rio de Janeiro: Rocco, 2010.

ESTÉS, Clarissa Pinkola. **A ciranda das mulheres sábias** – Ser jovem enquanto velha, velha enquanto jovem. Rio de Janeiro: Rocco, 2007.

FIRESTONE, Linda A. **O despertar de Minerva**. Rio de Janeiro: Rosa dos Tempos, 1997.

GETTY, Adele. **A deusa:** mãe da natureza viva. Madri: Ediciones del Prado, 1997.

GLEASON, Judith. **Oya:** um louvor à deusa africana. Rio de Janeiro: Bertrand Brasil, 1999.

GREENE, Liz; SHARMAN-BURKE, Juliet. **Uma viagem através dos mitos**. Rio de Janeiro: Jorge Zahar Editor, 2001.

GRUPOS RODAS DA LUA. **O livro das deusas**. São Paulo: Publifolha, 2005.

GUTTMAN, Ariel; JOHNSON, Kenneth. **Astrologia e mitologia:** seus arquétipos e a linguagem dos símbolos. São Paulo: Madras, 2005.

HAMILTON, Edith. **Mitologia**. São Paulo: Martins Fontes, 1992.

HARDING, M. Esther. **Os mistérios da mulher**. São Paulo: Paulus, 1985.

HOLLIS, James. **Mitologemas** – Encarnações do mundo invisível. São Paulo: Paulus, 2005.

JUNG, C. G. (Org.). **O homem e seus símbolos**. 7. ed. Rio de Janeiro: Nova Fronteira, 1974.

JUNG, C. G. **A natureza da psique**. 2. ed. Petrópolis: Vozes, 1986.

__________. **Aion:** estudos sobre o simbolismo do si-mesmo. 2. ed. Petrópolis: Vozes, 1986.

__________. **Civilização em transição**. 5. ed. Petrópolis: Vozes, 2012.

__________. **Memórias, sonhos, reflexões**. Rio de Janeiro: Nova Fronteira, 1975.

__________. **O eu e o inconsciente**. 6. ed. Petrópolis: Vozes, 1987.

__________. **Os arquétipos e o inconsciente coletivo**. 9. ed. Petrópolis: Vozes. 2012.

__________. **Psicologia do inconsciente**. 22. ed. Petrópolis: Vozes, 2012.

KEEN, Sam; VALLERY-FOX, Anne. **A jornada mítica de cada um**. São Paulo: Cultrix, 1991.

KOLTUV, Barbara Black. **A tecelã:** ensaios sobre a psicologia feminina extraídos dos diários de uma analista junguiana. São Paulo: Cultrix, 1992.

__________________. **O livro de Lilith**. São Paulo: Cultrix, 1995.

KOSS, Monika von; MARX, Isolde; TEDESCO, Maria Helena. **As deusas egípcias e o século XXI**. São Paulo: Grupo Editorial Scortecci, 2007.

KOSS, Monika von. **Hera:** um poder feminino. São Paulo: Massao Ohno Editor, 1997.

________________. **Tecendo o fio da seda** – A figura materna na cultura chinesa. São Paulo: Andreoli, 2010.

LEEMING, David. **Do Olimpo a Camelot:** um panorama da mitologia europeia. Rio de Janeiro: Jorge Zahar, 2004.

LIMA, Luís Felipe de. **Oxum:** a mãe da água doce. Rio de Janeiro: Pallas, 2007.

MACLAGAN, David. **Mitos da criação**: o aparecimento do homem no mundo. Madri: Ediciones del Prado, 1997.

MARTINS, Cléo. **Nanã:** a senhora dos primórdios. Rio de Janeiro: Pallas, 2008.

MCLEAN, Adam. **A deusa tríplice:** em busca do feminino arquetípico. São Paulo: Cultrix, 1992.

MELATTI, Julio Cezar. **Índios do Brasil**. São Paulo: Edusp, 2007.

MINDLIN, Betty; narradores indígenas. **Moqueca de maridos:** mitos eróticos. Rio de Janeiro: Roda dos Tempos, 1997.

MINDLIN, Betty. **Terra grávida**. Rio de Janeiro: Roda dos Tempos, 1999.

MONAGHAN, Patricia. **O caminho da deusa**. São Paulo: Pensamento, 2009.

MOOREY, Teresa. **A deusa:** manual prático. São Paulo: Pensamento, 2000.

NICHOLSON, Shirley (Org.). **O novo despertar da deusa:** o princípio feminino hoje. Rio de Janeiro: Rocco, 1993.

PARIS, Ginette. **Meditações pagãs**. Rio de Janeiro: Vozes, 1994.

PERERA, Silvia B. **Caminho para a iniciação feminina**. São Paulo: Editora Paulus, 1985.

PRANDI, Reginaldo. **Mitologia dos orixás**. São Paulo: Companhia das Letras, 2001.

PRIETO, Claudiney. **Todas as deusas do mundo**. São Paulo: Gaia, 2003.

QUALLS-CORBETT, Nancy. **A prostituta sagrada:** a face eterna do feminino. São Paulo: Paulus, 2005.

REIS, Alcides Manoel dos. **Candomblé:** a panela do segredo. São Paulo: Arx, 2000.

RILKE, Rainer Maria. **Cartas a um jovem poeta**. Porto Alegre: L&PM Pocket, 2007.

ROBLES, Martha. **Mulheres, mitos e deusas:** o feminino através dos tempos. São Paulo: Aleph, 2006.

SALIS, Viktor D. **Mitologia viva**: aprendendo com os deuses a arte de viver e amar. São Paulo: Nova Alexandria, 2003.

SANFORD, John A. **Destino, amor e êxtase** – A sabedoria das deusas gregas menos conhecidas. São Paulo: Paulus, 1999.

SCAVONE, Lucia. **Viagem mitológica através da astrologia**. Rio de Janeiro: Imago, 1995.

SEGANFREDO, Carmen. **As melhores histórias da mitologia chinesa**. Porto Alegre: L&PM, 2013.

SHERRY, Ruth Anderson; HOPKINS, Patricia. **O jardim sagrado** – A dimensão espiritual da vivência feminina. São Paulo: Saraiva, 1993.

SHRESTHA, Romio. **Deusas da galeria celestial**. São Paulo: Paisagem Distribuidora de Livros, 2009.

STEPHANIDES, Menelaos. **Os deuses do Olimpo**. São Paulo: Odysseus, 2004.

THEODORO, Helena. **Iansã**: rainha dos ventos e da tempestade. Rio de Janeiro: Pallas, 2010.

VALLADO, Armando. **Iemanjá**: a grande mãe africana do Brasil. Rio de Janeiro: Pallas, 2002.

VERGER, Pierre Fatumbi. **Orixás**: deuses iorubás na África e no Novo Mundo. Salvador: Corrupio, 1997.

WALKER, Barbara G. **A velha**: mulher de idade, sabedoria e poder. Lavras: A Senhora Editora, 2001.

________________. **The woman's encyclopedia of myths and secrets**. New York: Harper Collins Publishers, 1983.

WIKINSON, Philip; NEIL, Philip. **Mitologia**: guia ilustrado Zahar. Rio de Janeiro: Jorge Zahar, 2008.

WILLIS, Roy (Org.). **Mitologias**: deuses, heróis e xamãs nas tradições e lendas de todo mundo. São Paulo: Publifolha, 2007.

WOODMAN, Marion. **A feminilidade consciente**. São Paulo: Paulus, 2003.

________________. **A virgem grávida**: um processo de transformação psicológica. São Paulo: Paulus, 1999.

________________. **O vício da perfeição**. São Paulo: Summus Editorial, 2002.

WOOLGER, Jennifer Barker; WOOLGER, Roger J. **A deusa interior**: um guia sobre os eternos mitos femininos que moldam nossas vidas. São Paulo: Cultrix, 1994.

ZIMMER, Heinrich. **A conquista psicológica do mal.** São Paulo: Palas Athena, 1999.

________________. **Mitos e símbolos na arte e civilização da Índia.** São Paulo: Palas Athena, 2002.

ZWEIG, Connie; ABRAMS, Jeremiah (Orgs.). **Ao encontro da sombra**: o potencial oculto do lado escuro da natureza humana. São Paulo: Cultrix, 2012.

ZWEIG, Connie (Org.). **Mulher**: em busca da feminilidade perdida. São Paulo: Gente, 1994.

REVISTA DAS RELIGIÕES. **Coleção divindades afro-brasileiras.** São Paulo: Abril, 2005.

REVISTA DAS RELIGIÕES. **Coleção divindades egípcias.** São Paulo: Abril, 2005.

REVISTA DAS RELIGIÕES. **Coleção divindades indianas.** São Paulo: Abril, 2005.

Este livro foi impresso pela
Gráfica Rettec em junho de 2021.